中小企業のための

人事制度のつくり方と運用方法

“自社流”で変革する
実践ガイドブック

片岡祐樹 著

セルバ出版

はじめに

人事制度は会社の理念やビジョンを実現するためのツールにすぎない

「今の人事制度って、やっぱりジョブ型（※）にすべきですか？」

ある中小企業の社長からこのような質問を受けました。皆さんはどう考えますか？

私の答えは「Ｎｏ」です。なぜなら、日本には３００万社を超える企業があり、それぞれが業界、業種、歴史、社風、社員、経営理念、ビジョン、さらには社長の考え方に至るまで、異なる特徴を持っているからです。

確かに、ジョブ型は世界的な標準であり、特に海外に社員を持つ大企業にとっては必要不可欠かもしれません。また、政府が推進していることも事実です。しかし、日本国内で事業を展開している全ての企業にジョブ型が当てはまるとは限りません。

人事制度とは、あくまで会社の理念やビジョンを実現するためのツールにすぎません。そのため、自社に合った制度でなければ効果は期待できません。流行している制度や同業他社の制度をそのまま導入しても、運用に多くの時間や労力を費やすばかりで、十分な成果が得られないことが多いのです。

よくある問題として、次の事例が挙げられます。
☑親会社の人事制度を子会社にそのまま導入したが、うまくいっていない

☑アットホームで家族的な雰囲気の会社が成果主義の制度を取り入れ、運用できていない
☑インターネットで拾ってきた評価表や制度を使っているが、成果が出ない
☑社員が高評価を出しても、業績や社員の成長に繋がっていない

これらはすべて、私が実際に遭遇した実例です。

「自社に合った」人事制度こそ企業に必要

現在、私は企業の人事制度づくりを支援していますが、当初は「職務」や「職能」といった専門用語に戸惑い、また、多くの書籍を読んでも、セミナーに参加しても、「今の時代の制度はこうあるべき」、「中小企業はこの制度を入れれば何とかなる」といったものが多く、「本当にそれでうまくいくのだろうか？」と混乱することもありました。

しかし、社会保険労務士、人事コンサルタントとして、多くの企業の悩みにともに向き合い、試行錯誤を繰り返していく中で「自社に合った」人事制度こそが企業に必要なのだと確信するようになりました。

世の中には人事制度に関する書籍が数多く存在しますが、本書は「自社に合った制度のつくり方」に焦点を当て、他の書籍では触れられていない具体的なアプローチを解説しています。また、専門用語を極力避け、初心者にもわかりやすい言葉で説明しているため、人事制度に不慣れな方でも理解しやすい内容だと思っています。ただ、少々マニアックなところまで言及している箇所もあるの

かもしれませんが、そこはご容赦ください。

本書を通じて、皆さんが「自社に合った」人事制度をつくり（または見直して）、それぞれの会社が描く成果を実現できることを心から願っています。

これから日本は人口減少と、それに伴う人手不足が加速していくと予想されています。企業が生き残っていくためには、現状維持を望むだけでは不十分であり、変革が求められる時代です。ＡＩやテクノロジーの進展が注目される一方で、新しい事業を生み出し、イノベーションを起こす主体はあくまで「人」であることを忘れてはいけません。

これまで以上に「人」に注力することが、企業の成長と発展のカギを握っています。

※ここで言うジョブ型とは、職務を基準として社員を評価し、報酬を決定する制度です。

２０２４年11月

片岡　祐樹

目次

第3章　「自社流」人事制度の全体像

第4章　「自社流」人事制度の具体的なつくり方

第5章 「自社流」人事制度の導入と運用ポイント

第6章　「自社流」人事制度の導入・見直し事例

第1章　人事制度における中小企業の実態

第1章では、人事制度における中小企業の実態を中小企業庁のデータや私のコンサルティング経験から紐解いていきます。

1　中小企業の実態データから見えてくること

人事制度はどのくらいの会社が導入しているのか？

皆さんの会社は、人事制度を導入していますか？

「制度がない」、「制度はあるが見直しを考えている」あるいは「評価表だけある」という会社もあるかと思います。

中小企業庁の中小企業白書（２０２２年版）によると、従業員数が多くなるほど、制度の導入率が高くなっているようです（図表1）。

私がコンサルティングしている際にも、このデータと同じような感覚を持っています。従業員数が20名を超えたあたりから、社長ひとりでは社員の仕事ぶりを把握できなくなるため、制度の必要性を感じ始めることが多いようです。

逆に、従業員数が20人未満の会社で、社長が社員の仕事ぶりを把握できている場合は、制度がなくとも運営できることが多いです。

しかし、単純に従業員数だけで判断できるわけではなく、会社ごとの事情によっても変化するものだと思います。

例えば、「社長が営業で外出することが多く、社員の仕事ぶりが見えない」、「事業承継のタイミングで人事制度をつくりたい」、「現在は小規模でも今後成長や拡大を目指している」、「制度をつくることで社員の働く意欲を高めたい」、「社長の評価や給与決定プロセスの負荷を軽減したい」、「制度をつくることで若手人材の採用力を上げたい」など、さまざまな理由があります。

特に近年は、人手不足を意識して制度をつくったり、見直そうとする会社が増えているように感じています。

人事制度の中身はどんな内容？

人事制度にはさまざまな仕組みがあります。中小企業の実態はどのようなものなのでしょうか。

中小企業白書（図表2）で見てみると、一番人気が「目標管理制度」で、次いで「360度評価」、「コンピテンシー評価」と続いています。

目標管理制度とは

「目標管理制度」とは、期初などのタイミングで社員が各自で目標を立て、期末などに

【図表１　従業員規模別に見た、人事評価制度の有無】

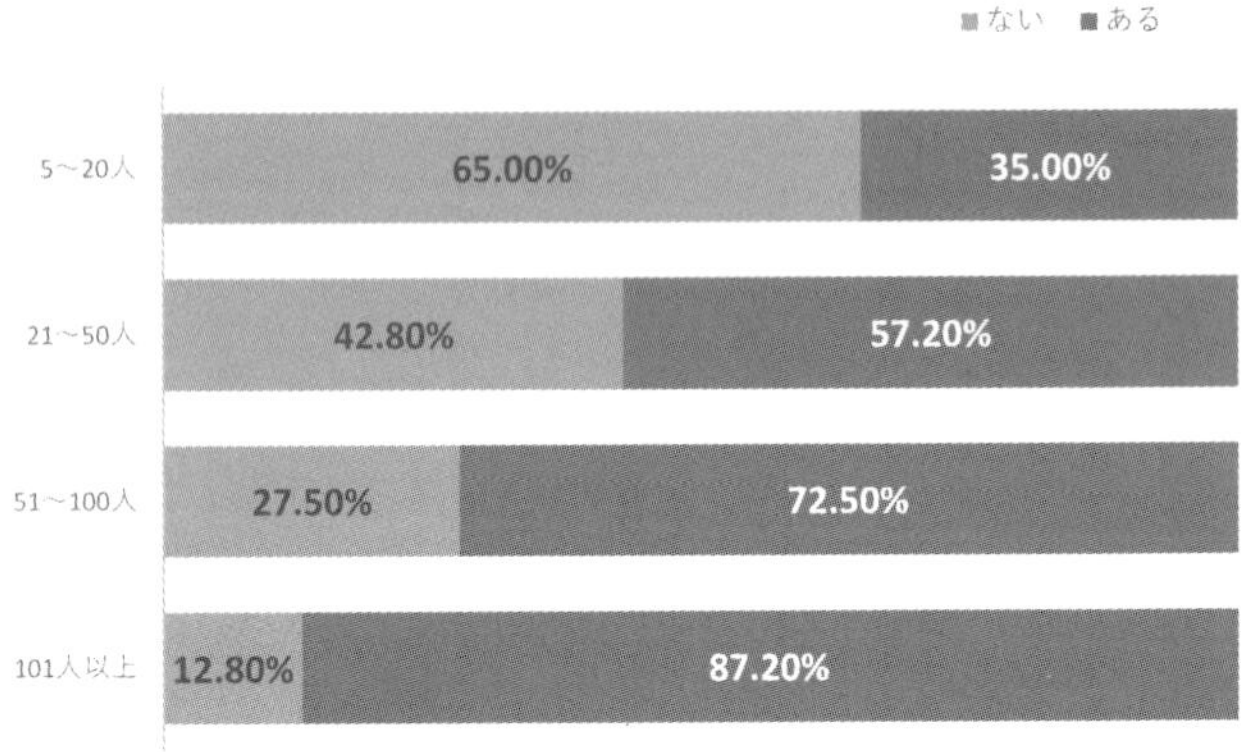

（出所：中小企業庁 2022年版 中小企業白書）

【図表２　従業員規模別に見た、人事評価の手法】

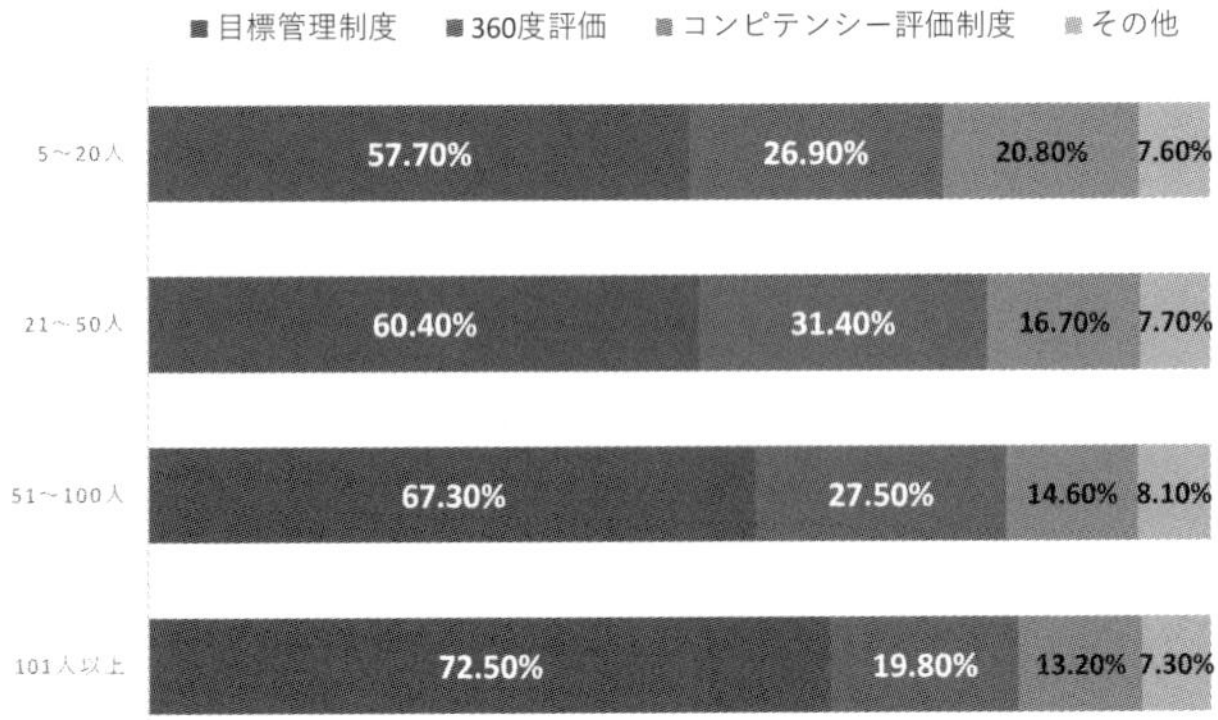

（出所：中小企業庁 2022年版 中小企業白書）

その成果を上司とともに確認し、評価するという仕組みです。

しかし、この仕組みは非常に難易度が高く、運用が困難です。「個々人や部署によって目標の難易度が異なる」「目標を立てにくい職種がある」「立てた目標が会社の成果に繋がっていない」といった声がよく聞かれます。

数年前、私は京都の上場企業の人事担当者などが集まる目標管理制度セミナーの講師として登壇したことがあります。

その際、「皆さんの会社なら目標管理はうまく運用できていますよね？」と質問したところ、多くの参加者が、目標管理制度の運用に苦労し、悩みを抱えていると答えました。

社内で評価者教育にも熱心に取り組んでいる彼らですら運用に苦労している目標管理制度を、教育も不十分と思われる中小企業が導入するのは避けるべきです。導入するのであれば、対象者を管理職に絞る、部門は営業部を中心に行うのがよいと思います。いずれにしろ、慎重に検討して導入してください。

３６０度評価とは

次に「３６０度評価」とは、上司だけではなく、部下や同僚など複数人で互いに評価し合う仕組みです。

通常の人事評価は上司から部下への一方的な視点での評価となりますが、３６０度評価では、複数人が多面的に評価することで、上司の視点だけでは得られない情報や気づきを得られる可能性があります。

理論的には非常に優れた仕組みに見えますが、これも運用が難しい制度です。

３６０度評価制度の導入によって、社内の雰囲気が悪化したり、本来の目的を果たせないことがよく起こります。

例えば、「私の仕事を理解していない後輩の○○さんに私の何がわかるの？」「そもそも仕事上の接点が少ないので、結局は日常の挨拶など感じのよい人の評価が高くなる」「相手への評価を厳しくすると自分の評価も厳しくされるので、高い評価をつけておいたほうが無難だ」といったことがあります。

制度自体は非常によい仕組みですが、３６０度評価が合う会社、合わない会社があることを理解すべきでしょう。

ちなみに、私が考える３６０度評価が合う会社とは、比較的小規模で、社員間のコミュニケーションがよく取れており、仕事の連携が多く、信頼関係が高い状態の会社です。

また、評価に使うのではなく、人材育成の方法として取り入れたり、役職者の昇進を検討する際の情報として活用するのも一法です。

コンピテンシー評価とは

最後に、「コンピテンシー評価」とは、仕事で高い成果を出す社員の行動特性（＝コンピテンシー）を評価の基準にするものです。簡単に言えば、仕事ができる人の行動やクセを言葉化し、他の社員もそれを真似すれば上手くいくだろうという考え方です。

評価表の項目を決める際は、一般的なコンピテンシー事例をそのまま活用している会社が多いです。

コンピテンシー評価は確かに使える仕組みではありますが、重要なのは他社の真似をすることではなく、自社の優秀な社員の行動やクセは何かをしっかりと把握して評価基準を考えることです。

制度だけではなく、自社のことも理解しなければいけない

図表２の調査結果を見て私が思うのは、それぞれの仕組みを導入している会社が、その仕組みだけでなく、自社の実情もよく理解した上で制度を導入し運営しているのだろうか？　ということです。

人事評価制度があると売上は増えるのか？

図表3をご覧ください。従業員規模、人事制度の有無、売上増加率の関係性を表すもので、「人事制度の有無で売上に影響があるのか？」を見た調査結果です。

人事評価制度があると売上は増えるのでしょうか？

図表3では、従業員規模を問わず、人事評価制度がある会社は、制度がない会社に比べて、売上増加率が高いという結果が出ています。特に、従業員数が101人以上の企業で売上増加率の差が9・8％と非常に大きいのが目立っています。

この結果は、当然といえば当然のことです。人事評価制度の評価項目は会社に

【図表3　中小企業の従業員別人事評価制度の有無と売上増加率】

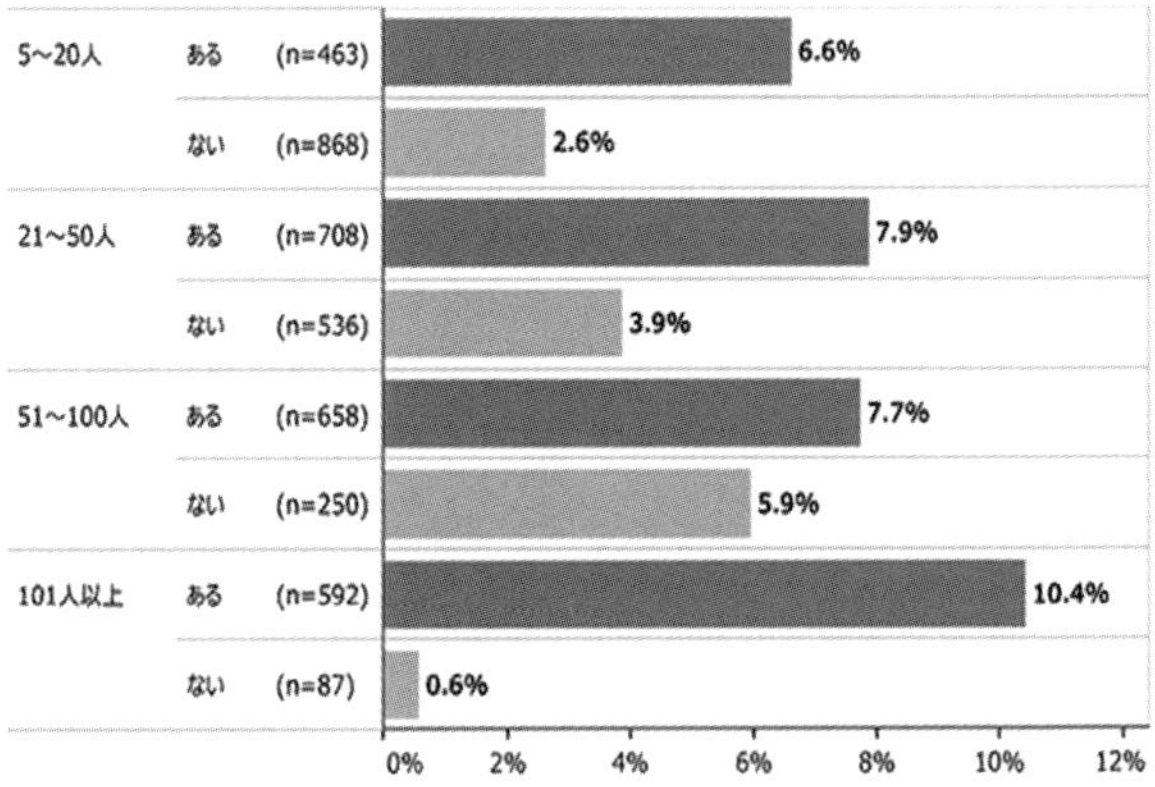

（出所：中小企業庁 2022年版 中小企業白書）
※売上増加率は2015年と2022年を比較したもの

とっての成果を明確にするものだからです。

つまり、成果を言葉化し、社員がそれに向かって行動すれば、売上など会社の成果にも繋がるのは必定です。とはいえ、人事評価制度があっても、必ずしもすべての会社で成果が上がっているわけではありません。

では、それはなぜなのか？　その点についても後々本書で説明していきます。

人事評価の課題

人事評価制度への不満理由をまとめた調査（アデコ株式会社「人事評価制度に関する意識調査２０１８年」）によると、次のような不満が挙げられています。

【人事評価制度の意識調査】

・評価基準が不明確（62・８％）
・評価者の価値観や業務経験によって評価にばらつきが出て、不公平だと感じる（45・２％）
・評価結果フィードバック、説明が不十分、もしくはそれらの仕組みがない（28・１％）
・自己評価よりも低く評価され、その理由がわからない（22・９％）

・評価結果が昇進、昇格に結びつく制度ではない（21・4％）

人事評価への不満理由では、「評価基準が不明確」が最も多いです。次いで「評価者の価値観や業務経験によって評価にばらつきが出て、不公平だと感じる」、「評価結果のフィードバックや説明が不十分、もしくはその仕組みがない」といった不満が続いています。

こうした調査結果は昔から見られるものの、人事評価への不満内容は時代が変わってもほとんど変わっていないといえます。

評価者に対する不満が大きいことを知る

この調査から読み取れるのは、社員の不満は制度そのものに対するものもありますが、それだけではなく、評価者に対する不満も大きいということです。例えば、評価者が評価基準を正しく理解していなかったり、個人的な偏見や先入観が評価に影響を与えていると感じる社員もいます。また、評価者と被評価者との間で十分なコミュニケーションが取られておらず、フィードバックが不十分なために不信感が生じるケースもあります。これらの問題は組織全体の士気やパフォーマンスに悪影響を及ぼす可能性もあるのです。

したがって、制度の内容を全社員によく説明して理解を深めることや、評価者への教育などを行う必要があります。運用面で改善などの努力がないとせっかくの制度も宝の持ち腐れになってしまいます。この点をしっかりと押さえておきましょう。

2　中小企業（社長）の悩みは「人」である

社長が抱える会社の悩み（課題）

私が会社（社長）からよく相談される悩みを並べると、次の通りとなります。

☑業績が伸びない
☑会社に一体感がない、会社と社員のベクトルが同じではない
☑人が採れない（新卒、中途採用含め）
☑社員が育たない（特に管理職）
☑せっかく育てた社員が辞める（特に中堅社員）
☑評価や給与・賞与への社員の納得感が低く、不満が多い
☑評価等の仕組みがないため、昇給、賞与の時期になると社長が毎回悩む
☑管理職になりたくない社員が増えてきている
☑人事制度等の仕組みはあるが、運用しても成果が出ない

悩みの多くは人事制度で解決できる

売上や利益のこともありますが、悩みの大半は「人」のことであり、どうすればよいのかわからない会社（社長）も多いのではないでしょうか？

実は、これらの悩みの多くは人事制度で解決できることがあります。

例えば、業績を伸ばすためには、評価制度の評価項目で「会社の成果とは何か」を徹底的に追求し、明確にする。そして、社員がそれに基づいて行動するよう促す。

また、会社に一体感を持たせるためには、経営理念やビジョンを明確にし、それを社員に浸透させるアクションをとる。

人を採用する際には、入社後のキャリアビジョン（社員にどのようなステップを踏んで成長して欲しいか、どういう姿になって欲しいか）を、口頭だけでなく図表などを用いてわかりやすく説明する。

どうすれば賞与が増えるのかを仕組みで示す、など悩み解決のためにできることはたくさんあります。

ただし、人事制度でこれらの悩みを解決するためには、2つの条件（人事制度成功のための2つの鍵）が必要です。

その条件とは何かについて、第2章で見ていきましょう。

第2章　「自社流」人事制度を成功させるために

第2章では、「そもそも人事制度とは何なのか？」

「自社に合う、合わない制度は何が違うのか？」

「なぜ自社流人事制度である必要があるのか？」

について解説しています。

1　そもそも人事制度とは

人事制度とは

まず最初に、「人事制度は何なのか？」を明確にしておきましょう。

人事制度とは、人に関する「基準」を明確にしたものです。

つまり、人事制度を通じて、人に関する基準（ルール）をハッキリさせるのです。

皆さんの会社では、人に関する基準がありますか？

人事制度の基準が明確でないことで生じる問題

この基準がないことによって起こる残念な事象をいくつか挙げてみましょう。

・社員がどのように評価されるのかが不透明で、不公平感が生じやすくなる。

・上司の主観による評価が多くなるため、社員の不満が増加し、モチベーションが低下する。

・優秀な社員が正当に評価されず、不満を抱いて退職してしまうリスクが高まる。

・昇給や昇進などの基準がはっきりしていないため、社員が何を目標にして働けばよいのかがわからない。
・社員の人材育成方針が不明確で、人材が育ちづらい。
・明確な評価制度やキャリアパス（仕事における成長や進み方）が提示できないため、優秀な人材を惹きつけることができない。近年の傾向として、入社後の成長が見えづらいと感じる求職者は、他社を選ぶ傾向が強い。
・自分の仕事がどのように評価されるのかが不明確だと、社員のモチベーションが低下し、成果を上げる意欲が薄れる。また、成果が認められないと感じる社員が多くなると、職場の士気が下がる。

いかがでしょうか？

「当社もいくつか思い当たるなぁ」と感じた方もいらっしゃるかもしれません。

口頭だけではなく、基準で示す！

いつも不思議に思うのですが、多くの会社が製造や技術、営業に関することはしっかりとルール化して運用している一方で、人に関しては基準（ルール）がなく、会社（社長）の感覚で運用されていることが多いのが実態です。

「人材は宝」や「人材ではなく人財」と言うのであれば、基準をしっかり示しましょう。

2　これからの時代の人事制度

人事制度の目的

人事制度には2つの目的があります（図表4）。

1つは「査定」、もう1つは「育成」です。

「査定」とは、会社に貢献している社員と、貢献していない社員に適正な格差をつけることです。やってもやらなくても同じであれば、社員もやる気が起こらないですよね。

次に「育成」とは、人事制度を通じて人を育てることです。この2つの要素は、人事制度をつくる際に重要なポイントとなります。

「査定」型から「育成」型へ

この2つの要素は時代とともに変化しています。以前

【図表4　人事制度の目的】

の人事制度は「査定」に比重を置いたものが多く見られました。

例えば、上司が部下を評価する際、評価内容は部下に共有されることなく、上司が一方的に点数をつけ、その結果が部下の給与や賞与に反映されるという形です。

フィードバックもなく、部下は給与の変動額や賞与額から、自身がどう評価されているのかを知る状況でした。

しかし現在では、新規採用が難しく、人手不足も深刻化しており、今いる社員に成長・活躍して欲しいと考える会社が増えています。これからの人事制度は、「査定」だけでなく、「育成」としても使えるツールであることが重要になってきます。

査定と育成、あなたの会社の最適な比率は？

この２つの要素は、会社によってその割合が変わってきます。

例えば、「査定80％：育成20％」の会社や、「査定50％：育成50％」の会社など、それぞれの会社の考え方が反映されます。

しかし、注意すべきは、「育成」を重視した人事制度をつくりたいと思っていたのに、ふたを開けてみると「査定」重視の制度になってしまうことがあるという点です。

ですから、自社がどのような制度をつくりたいのかをしっかり意識しておかないと、制度設計がブレてしまいます。

3　人事制度成功のための2つの鍵

人事制度成功の鍵

では、人事制度を成功させるためにはどうすればよいのでしょうか？
次の2点が成功の鍵となります。
①自社に本当に合った制度をつくる
②つくった制度を根気強く運用する

成功の鍵①：自社に本当に合った制度をつくる
　本書で一番お伝えしたいところです。第4章で具体的に説明します。
成功の鍵②：つくった制度を根気強く運用する
　制度ができただけでは会社が変わることはありません。その制度を運用し、時間をかけて定着化させていきます。
定着化するまで少なくとも2年から3年は要すると考えておいてくださ

い。根気強さが求められます。

また、運用の難易度を下げるためにも、制度をつくる段階から運用を意識していきます。例えば、「これって当社の社員が理解できるかな？」「この評価表で普段から評価することができるかな？」といったことを考えながらつくっていくということです。

制度をつくり始めると、ついついあれもこれもと詰め込みたい欲が出てきますので、注意しましょう。

4　「自社流」人事制度とは

「自社流」人事制度とは何なのか？

会社（社長）の掲げた経営理念・ビジョンを達成するため、自社の業界・業種・社風・会社（社長）の考え方・社員の特性などを反映し、最短で成果を上げることを実現するための人事制度のことです。

人事制度にも様々な考え方があり、何がよくて、何が悪いは存在しません。例えば、年功序列や能力は時代に合っておらず、よくないと言われることがありますが、私は全くそう思いません。

自社に合っていればどのような考え方でもよいのです。

自社に何が合っているのかは経営理念やビジョンから考える

では、何が自社に合っていると言えるのでしょうか？

事例を通して、皆さん一緒に考えてみましょう。

〈地域密着の工務店〉

ある目標管理制度を導入した地域密着の工務店がありました。業歴も長く、何十年も同じ場所で事業を営んでおり、経営理念は「誠実・調和・地域密着・地域貢献」を掲げています。現在働いている社員は温和で堅実、協調性が高いタイプが多く、年齢層も高い職人が多く在籍しています。

ここ数年、売上がじりじりと下がっていたため、社長（3代目、40歳、男性）は危機感を持ち、「会社を変革するんだ！」と人事制度の導入を決意しました。

これまで会社には人事制度がなかったため、取引銀行から紹介してもらったコンサルティング会社に依頼しました。

とにかく「売上を上げたい！」という想いをコンサルティング会社のコンサルタントに伝え、全社員が目標を設定し、成果を追求していく制度を導入しました。

これまで社長をはじめ、社内には発言や行動に一貫性がなく、基準も不明確で、数字で目標を立てることが苦手な社員が多かったため、目標はすべて数値化する目標管理制度がよいと判断しました。

さて、制度導入後、3年が経過しました。
果たしてこの会社はどのように変化したでしょうか？
人事制度をつくるということは、仮説の積み上げになります。
皆さん、ぜひ想像してみてください。

Q1．この会社にどのような変化が起こったでしょうか？
Q2．あなたが社長だとして、どのような制度（方向性含む）がよいと思いますか？

【Q1．】

【Q2．】

人の基準が合わなければ会社にマイナスの影響が生じる

結論から言うと、会社にマイナスの変化が起こりました。

目標管理制度は成果を数値で追求することが多いものですが、協調性を重んじ、温和で堅実な社員が多いこの工務店にとっては、数字に追われる働き方は馴染みませんでした。目標達成のプレッシャーが社員のストレスとなり、会社全体の雰囲気も悪化してしまいました。

さらに、数字を重視する制度の導入により、これまでの協力的な職場環境が損なわれ、競争意識が過剰に働いてしまった結果、離職者も出始めました。

会社の基準や評価の方向性が明確になったものの、その基準が社員の価値観や会社の文化に合わなかったため、人事制度の運用自体がうまくいかず、結局は形骸化してしまったのです。

人事制度を変えることとは、人の基準を変えることに他なりません。その基準が自社に合わない場合、逆効果となり、会社へのマイナスの影響が非常に大きくなることがあります。

経営理念や社員を意識した制度づくり

もしこの工務店が、成果主義的な人事制度ではなく、経営理念である「誠実・調和・地域密着・地域貢献」に基づき、社員を活かす方向性を考えていたらどうでしょうか？

例えば、チームで成果を出す仕組みや、地域において継続的に貢献できる制度を取り入れ、短期的な成果追求ではなく、長期的に社員を育成し、成長を支援する仕組みを導入することができたのではないでしょうか。

このような制度のほうが、協調性の高い社員や地域密着型の事業には適していると考えられます（図表５）。

念のために補足しておきますが、成果主義的人事制度が悪いと言っているわけではありません。例えば、経営理念（成果を出す、実力主義、業界ＮＯ．１）、社員（挑戦的タイプ、スピード感がある、ベンチャー精神）といった会社の場合、成果主義的人事制度は合致するでしょうし、成果が出る可能性も高いでしょう。

自社に合った人事制度とは、自社の経営理念やビジョン、社風などと制度が一致していることが鍵となります。

人事制度は「使えてなんぼ！」

制度を頑張ってつくったものの、その後、運用がストップしてしまうことがあります。

このような事態を引き起こしてしまう理由を挙げてみましょう。

【図表５　自社に合う、自社に合わない制度の考え方】

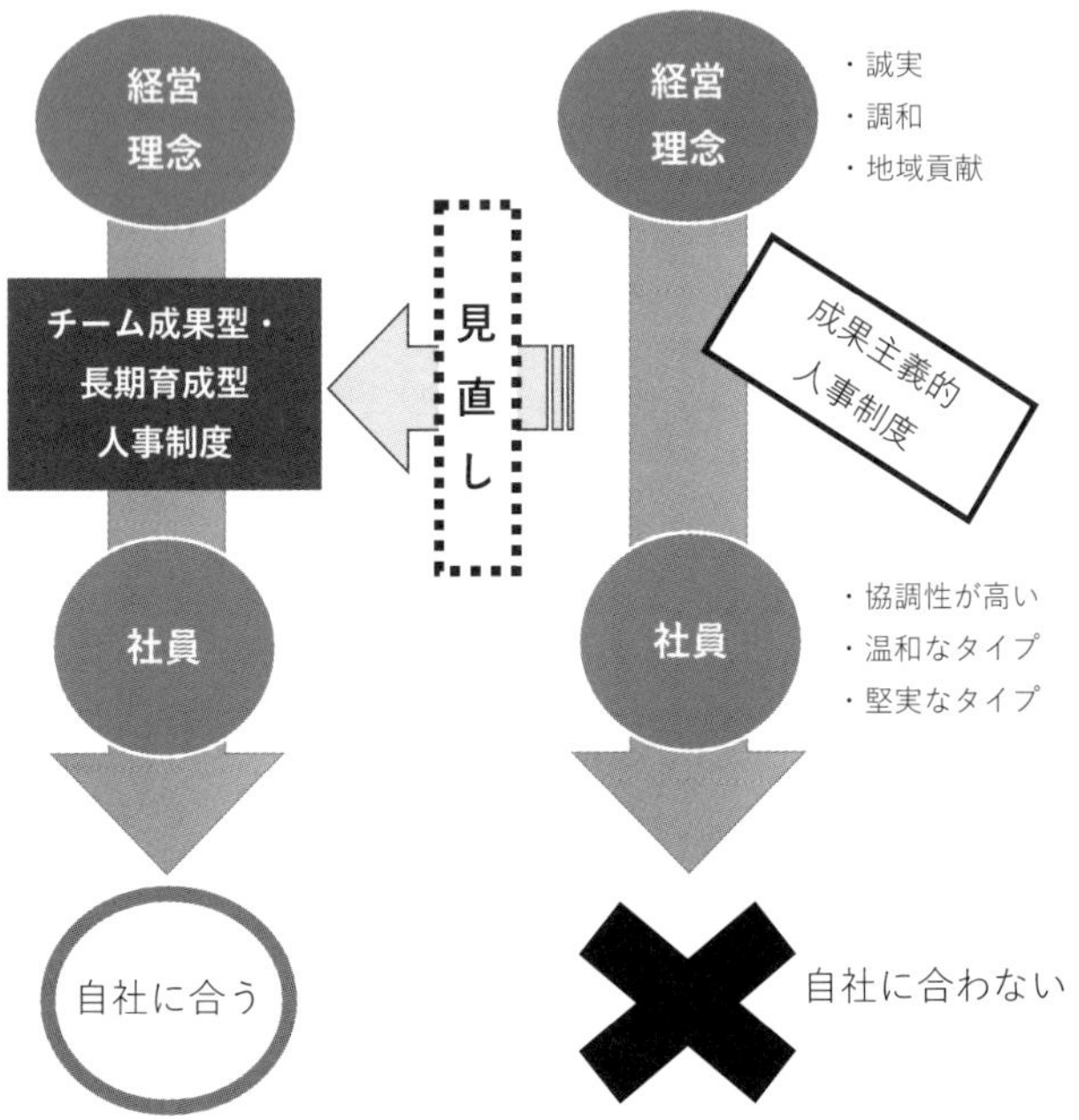

運用ストップの理由①制度の内容が現場の実態と合っていない

現場の状況と合っていない制度は、運用が困難になり、形骸化する可能性が高まります。現場の実情や社員の業務内容、会社の文化に合った制度づくりを意識する必要があります。

運用ストップの理由②制度の内容が複雑で社員が理解できない

制度をつくる側はついつい格好のよいもの、新しい仕組み、複雑な仕組みなどを入れたくなるものです。複雑すぎる制度は社員にとって理解するのが難しく、運用が煩雑になります。シンプルで誰にでもわかりやすい設計を意識しましょう。

運用ストップの理由③運用の手間がかかりすぎる

評価項目が多すぎて管理が煩雑、運用に必要なデータ入力や集計が膨大になるなど、運用を開始した後のことまで考えましょう。

運用ストップの理由④制度運用スケジュールが実行不可能

制度運用のスケジュールを現実的かつ実行可能なものに設定し、無理なく運用できるようにしましょう。例えば、評価期間が3日しかないスケジュール設定や、評価結果のフィードバックが新年度スタートから3か月後になってしまうなど、運用上支障のないように考えることが重要です。

「使えない制度はつくらない」ということを、強く意識してつくっていきましょう。

5 「自社流」人事制度をおすすめする絶対的な理由

自社に合った人事制度で成果を出す

自社流人事制度を私がおすすめする理由はいたってシンプルです。

「成果が出る」からです。

具体的には、次のような成果になります。

・「成果とは何か?」追求するので、業績が上がる。
・自社に合った育成方針を制度に盛り込むので人が育つ。
・社員が目指すべき目標が明確になり、全員が同じ方向を向いて働くことができる。
・現場のニーズを反映しているため、社員の納得感も高まり、制度がしっかりと根づく。
・自社の文化や価値観に合った制度は、社員が評価される基準や報酬に納得感を持ちやすい。
・他社の模倣ではなく、自社の実情に応じてカスタマイズできるため、環境の変化にも対応できる。

・社長の意図や戦略を直接反映させることができる。これにより、経営戦略と人事戦略の一体化が図れ、組織全体の成長を強力に推進できる。
・他社にはない独自の人事制度を持つことで、社員にとっての働きやすさやキャリアパスの明確さが際立つ。これが採用活動においても有利に働き、優秀な人材を惹きつけやすくなる。

6 「成果が出ない」人事制度事例

成果の出ない人事制度とは

では、成果が出ない人事制度とはどのようなものなのでしょうか？
私が目の当たりにした成果の出ない事例を紹介します。

子会社（中小企業）が親会社（大手企業）と同じ制度を使っている

従業員数２００名程度の製造業の会社で、親会社は世界的な上場企業です。当社は地方にある子会社で、数年前にＭ＆Ａされました。その際、親会社から「人事制度も親会社の制度に合わせなさい」という指示がありました。

当社には現場職の工員が多いのですが、全員に目標管理制度が導入されました。彼らが立てた目標を見ると、「ダイエットする」「月に1冊、本を読む」といった内容で、仕事内容ともリンクしていません。これでは成果が出ることは期待できず、教育で簡単に変化するものでもありません。

同じグループになったからといって、経営理念やビジョンが同じわけでもなく、社員の特性も全く異なります。また、中小企業のM＆Aは、社長の高齢化や後継者問題もあり増加傾向にあります。

M＆Aする側の会社は、今後こういったことも踏まえて考える必要があります。

アットホームな雰囲気の会社が成果主義の制度を入れている

従業員数30名程度の製造業の社長から、次のような相談を受けました。「先代がつくった人事制度ですが、内容を理解できず、うまく運用できません。どうすればよいでしょうか？」という内容でした。

その会社は、社長の温和な人柄に魅かれて頑張っている社員が多く、アットホームな雰囲気の職場でした。人事制度の内容を確認すると、生産高、生産効率、仕事のプロセスなど、あらゆるところが数字化される仕組みになっており、給与も毎年、その数字によって上下する成果主義の制度になっていました。

社長は、「私の理解力が足りないので、結局、私の独断（鉛筆ナメナメ）で評価しているが、何とかしたい」とおっしゃっていました。しかし、この場合、社長の理解不足が原因ではなく、そもそも制度がこの会社に合っていないために運用できないのです。

会社のレベルに合っていない制度を入れている

従業員数40名程度の卸売業の会社です。総務部、営業部、営業企画部、業務部、物流部など複数の部署があり、全社員に目標管理制度を導入していました。

この会社の悩みは、社員の立てる目標のレベルがバラバラで評価に使えないこと、そもそも目標を立てることができないこと、そして総務部や業務部など定型業務中心の部門では目標設定が難しいというものでした。

第1章（人事制度の中身はどんな内容）でも述べましたが、目標管理制度は運用の難易度が高い制度です。世間一般的な制度だからという理由で安易に導入するものではありません。

制度をつくる際には、自社が継続的に使っていける仕組みなのかをよく考える必要があります。ちなみに、この会社の見直し方法として、目標管理制度を全社的に扱うのではなく、対象者を絞り込み（管理職者および営業部、営業企画部）、目標管理の立て方に関する研修を実施しました。

インターネットで拾ってきた評価表や制度を使っている

従業員数100名程度の製造業の管理担当役員からの相談でした。「この評価表を使い始めて5年になりますが、一向に会社がよくなりません。評価表のせいでもないのかもしれませんが、一度見てもらえないでしょうか？」と評価表を手渡されました。内容を見ると、昔、官公庁などで使われていたのではないかと思われる古いフォーマットで、評価項目もどの会社でも使えそうな汎用的な内容でした。

私は管理担当役員に尋ねました。「この評価表は誰がつくったものですか？」「どうやってつくったのですか？」と。すると、管理担当役員は「私がインターネットで調べて、少しだけ内容を変更したものです」と少し言いづらそうに答えてくれました。

確かに、インターネットで調べれば、様々な評価表や他社の制度事例が見つかります。お手軽ですし、そのようにしたくなる気持ちもわからなくはありません。ただし、こういった方法では何の意味もありません。他社の真似事をしても自社の成果には繋がらないからです。時間と労力の無駄遣いになるため、全くおすすめできません。

社員が高い評価を出しても、業績や社員の成長に繫がっていない

従業員数20名程度のサービス業の社長から、次のような相談を受けました。
「評価表で社員を評価しています。社員それぞれの評価点数は非常に高いのですが、会社の業績は低迷したままです。どうしたらよいのでしょうか？」

私が立てた仮説は次の2点です。

仮説１：評価者の評価レベルの問題
　評価者が適正な評価を行えていない可能性がある。具体的には、評価基準の解釈が評価者ごとに異なり、主観的な判断で高得点を付けているかもしれない。

仮説２：評価表の評価要素や評価項目の問題
　成果に繫がらない内容が評価要素や評価項目に含まれている可能性がある。例えば、会社の目標や戦略と無関係な項目を重視している場合がある。

結果、この会社の場合、いずれにも問題がありましたが、まずは評価表の評価要素・評価項目を自社のビジョンや戦略に合った内容に見直し、具体的で測定可能な目標を設定しました。その後、評価者研修を実施し、評価基準の統一と適切な評価方法の理解を深めました。

自社に合う、合わない、のイメージ、皆さんつかめてきましたか？

7　人事制度をつくることを目的としない

大切なのは制度（カタチ）そのものではない

初見の会社から、「人事制度の骨格をつくったのでアドバイスが欲しいです。データを送るのでご確認いただけますか?」という依頼がありました。

しかし、私は「申し訳ありませんが、お答えしかねます」と回答しました。

嫌がらせをするつもりで言っているのではありません。その理由は、その会社の経営理念やビジョン、事業内容、そしてどのような社員がいるのか、私にはわからないため、その会社に合った人事制度が想像できないからです。

大切なのは、制度（カタチ）そのものではなく、なぜ人事制度をつくりたいのか、人事制度で何を実現したいのかという動機や現状の把握が非常に重要なのです。

人事制度は企業の方向性や価値観を反映するものであり、ただ形を整えるだけでは効果を発揮しません。例えば、社員の成長を促進したいのか、組織の一体感を高めたいのか、その目的によって設計すべき制度は異なります。現場の声や経営者の意図を十分に理解し、それらを制度に織り込むことで初めて機能するものです。だからこそ、表面的なアドバイスではなく、深いコミュニケーションと現状分析が不可欠なのです。

8　完璧を求めるからいつまで経っても制度が完成しない

制度づくりは7割の完成度で十分、残り3割は運用しながら精度を上げる

人事制度の相談会で、ある社長が「我が社では、人事制度の内容の検討を始めてから２年になりますが、まだ完成していません」とおっしゃったのを聞いて驚いたことがあります。このまま検討を続けていて、いつ完成するのだろうかと心配になりました。

人事制度はサクッとつくって、運用にじっくり時間をかけてください。２、３年経つと経営環境も変化していくものです。制度づくりの段階は、あくまで仮説です。「こうしたらうまくいくのではないか」「成果が上がるのではないか」と必死に考えますが、仮説がすべて当たることはありません。

この世の中に完璧な人事制度、１００点満点の制度は存在しません。ですので、７割の完成度でＯＫです。残りの３割は運用しながら満点に近づけていくという気持ちでつくり始めてください。このことを先ほどの社長にお話すると、「えっ？　そうなのですか？」と少し戸惑いながらも、笑顔で帰っていかれました。

9　新しい人事制度はどのタイミングから導入するのがよいのか？

そもそも人事制度自体を導入するかどうか見極める

「新しい人事制度はどのタイミングから導入すればよいですか？」

多くの経営者や人事担当者からよく質問される内容です。

最適な時期は、一般的には期初（新年度の開始時）です。例えば、3月決算の会社であれば4月など、その会社の事業年度の始まりが適しています。

新年度の開始時は、目標設定や組織体制の見直しが行われる時期であり、新しい人事制度を導入するのに最適です。また、新年度の目標や予算が設定される時期でもあるため、全社員が新しい制度のもとでスタートを切ることができます。育成的側面からも、仕事の振り返りやフィードバックを行いやすいこと、さらに、年間を通じた成果の効果測定や改善も行いやすくなります。

ただし、制度ができ上がってから期初までの間隔が長く空いてしまい、間延びしてしまう場合には、半期の切り替え時に導入するのもよいでしょう。例えば、3月決算の会社であれば10月が適しています。このタイミングであれば、年内に制度の定着を図り、次の年度から本格的に運用することができます。

もう少し大きな視点で考えてみましょう。例えば、会社の業績が低迷しているときは、人事制度の導入（見直し）には慎重になるべきです。そのタイミングでの導入は、会社としてもリストラ的な考えの制度になりかねませんし、社員から見ても、業績が悪い中での賃下げ前提の人事制度の導入（見直し）と受け止められる可能性が高いためです。結果として、社員の不安や不信感を煽り、組織全体の士気が低下する恐れがあります。

ただし、業績が低迷している場合でも、回復の兆しが見えているのであれば、よいタイミングに変わります。それは、制度導入後、業績が回復すれば、社員も「制度が導入されてよかった」と感じられるからです。また、新しい人事制度が業績回復の一助となり、社員のやる気や生産性を向上させる可能性もあります。

同族経営の事業承継における人事制度導入タイミング

同族経営の会社では、社長が代替わりし、新社長（子ども）から人事制度の導入（見直し）について相談を受けることがあります。同族経営では、前社長（親）が強い影響力を持って長年経営していることがよくあります。

こういった場合、私の経験上、できる限り代替わり前（＝親の影響力が大きい間）に人事制度をつくり、その上でバトンを渡すほうが、制度の導入がスムーズに進むことが多いと感じています。その理由は、影響力がまだ高まっていない新社長（子ども）が新たな制度を導入しても、社員の納得感を得るのが難しいことが多いためです。特に、長年の慣習や社内文化が根づいている場合、新しい制度を受け入れるには時間がかかるものです。

したがって、前社長（親）がまだ影響力を持っている段階で制度をつくり、導入を進めたほうがよいのではないかと考えています。前社長の支持を得た制度であれば、社員も安心して受け入れやすくなります。また、新社長にとっても、前社長からの信頼と支持を背に、組織を円滑に運営することができます。さらに、制度の導入が事業承継の円滑化にも寄与し、新旧の経営方針を調和させる役割を果たすこともあります。

ただし、社長の影響力やスタイルなど、会社によって状況は異なりますので、最終的には各会社の判断となります。例えば、新社長が既に現場での信頼を得ている場合や、前社長が引退後も強い影響力を残すことを避けたい場合など、状況は様々です。そのため、会社の現状や社員の意見をしっかりと把握し、最適なタイミングと方法で人事制度を導入・見直しすることが重要です。

人事制度の導入時期は、会社の状況や目的によって異なります。適切なタイミングを見極め、効果的な制度運用を目指しましょう。

第3章 「自社流」人事制度の全体像

第3章では、人事制度の全体像、会社（社長）の大切にしている考え方を核として、各制度がどのように繋がっているのか、その繋がりが組織にどういった影響を及ぼすものなのかを解説しています。

1　人事制度の全体像

4つの柱が人事制度の一貫性に

それでは、人事制度の内容について説明していきます。まずは、全体像を図で示します（図表6）。

この図表6は、会社で働く社員がどのように評価され、報酬を受け取り、成長していくかを決める仕組みをまとめたものです。

図表6には4つの大きな柱があります。中央に配置された柱が「①基本思想」で、その周囲に「②等級制度」、「③評価制度」、「④報酬制度」という3つの柱があります。

「①基本思想」が中央に位置しているのは、この考え方が制度の土台であり、基本となるためです。この基本思想を中心に、他の制度が構築されていきます。それぞれについて順番に説明していきます。

「基本思想」……会社、社長の大切にしている考え方、根底にあるもの

基本思想とは、会社や社長が大切にしている考え方のことです。例えば、「長く勤めて

【図表６　人事制度の全体図】

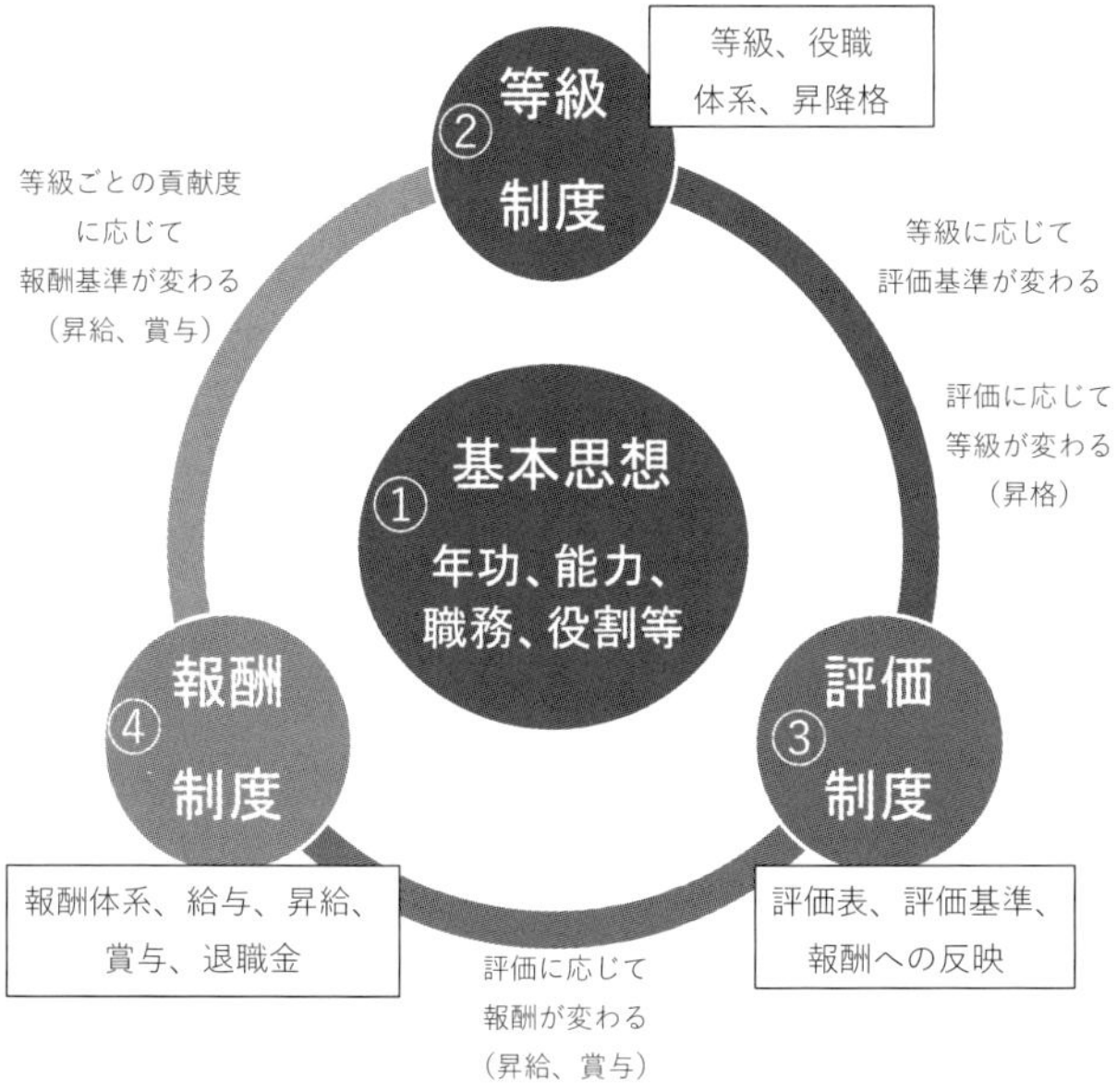

くれた人に報いたい」、「経験の積み重ねを重視したい」、「社員の能力を高めることで会社が成長する」、「実績こそすべてだ」といった考え方が基本思想にあたります。

この考え方が、会社の人材マネジメントの方向性を決定し、等級制度、評価制度、報酬制度といった他のすべての制度の土台となります。

基本思想は、会社の文化や方針によって異なりますが、この考え方がしっかりしていることで、すべての諸制度が一貫して運用され、社員も混乱することなく、自信を持って安心して働けるようになります。

「等級制度」……会社が社員にどうなって欲しいのか

等級制度とは、社員の役割や能力などに応じて、社内での位置づけやランクを決める仕組みです。これにより、社員がどのように成長できるかの道筋が明確になり、キャリアパスの指針となります。

つまり、「社員が現在どの位置にいて、どのようにすれば次のステップに進めるか」を示す制度です。

例えば、柔道やボクシングでは体重によって階級が分けられているように、銀行では安全性でランク分けがされています。等級制度も同様に、社員を役割や能力などに応じてランク分けします。

イメージとしては、経験が少ない人は低い等級に、経験が豊富で重要な仕事を任される人は高い等級に分類されます。等級が上がると、責任が増えたり、報酬が多くなったりします。

これにより、社員は自分のキャリアの見通しを立てやすくなり、成長意欲を持って働くことができます。

「評価制度」……会社が社員に求める成果とは何か

評価制度とは、社員の働きぶりをどのように評価するのかを決める仕組みです。具体的には、一定期間における社員の行動や成果を評価します。これにより、社員がどのように働けば評価されるのかが明確になり、やる気や成長意欲を高めることができます。

また、社員の働きに対するフィードバックを提供し、報酬や昇進の判断材料ともなります。

評価制度は、社員のパフォーマンスを向上させ、組織全体の成果を高めるための重要なツールです。社員が自分の評価を通じてどのように成長できるかを理解することで、より主体的に働くことができるようになります。

「報酬制度」……社員の成果にどう報いるか

報酬制度とは、社員が働いた成果や貢献に応じて、給与や賞与、その他の報酬を支払う仕組みのことです。これにより、社員のモチベーションを高め、会社の目標達成を支援します。

また、社員が安心して働き、さらに成長できるように支える仕組みでもあります。適切な報酬制度を整えることで、社員の満足度やパフォーマンスが向上し、結果として会社全体の成長に繋がります。

この制度をつくる際、会社が考えるべきは「社員の何に対してお金を支払うのか?」を明確にすることがポイントになります。

2　制度は繋がってはじめて効果を発揮する

制度が繋がっていない典型例

等級制度、評価制度、報酬制度は、それぞれ独立した仕組みのように見えますが、実際にはこれらが互いに連携し、一体となって機能することで初めて効果を発揮します。制度が形式的に整っていても、バラバラでは十分な効果を発揮できません。ここでは、その仕組みをわかりやすく説明します。

各制度がうまく繋がっていないとは、人事制度が部分的に機能しているものの、全体として効果を発揮できていない状況を指します。

次に、制度が繋がっていない典型的な事例と、その改善の方向性を示します。

繋がっていないケース❶：「等級制度」と「評価制度」のミスマッチ

（事例）

等級制度では、等級が上がるために特定のスキルが必要とされているにもかかわらず、評価制度の評価項目ではそのスキルが重視されていないケース。

↓

（起こりうる影響）

社員は何を評価されるべきかがわからず、キャリアアップのために必要な行動が明確ではないため、結果として成長の機会が損なわれたり、不満が生じる可能性がある。

↓

（改善の方向性）

・等級制度に基づき、またはそれを意識した上で、評価要素、評価項目を再設定する。

繋がっていないケース❷：「評価制度」と「報酬制度」のミスマッチ

（事例）

評価制度では社員の成果や貢献が高く評価されているにもかかわらず、報酬制度に反映されないケース。

例えば、評価結果で高得点を得た社員が、評価結果に見合った賞与や昇給を受け取れない状況になっている。

↓

（起こりうる影響）

社員は自分の努力や成果が報われていないと感じ、モチベーションが低下する。さらに、他の社員にも不信感が広がり、組織全体の士気が下がる可能性がある。この状態が続くと、優秀な人材の離職に繋がるリスクもある。

↓

（改善の方向性）

- 評価の結果が給与や賞与にどのように反映されるのかを明確にし、実際に反映される仕組みを整える。
- 評価後、報酬がどう反映されるのかを社員にフィードバックし、納得感を高める。

繋がっていないケース❸：「等級制度」と「報酬制度」のミスマッチ

（事例）

等級制度では明確なランクづけがされているものの、報酬制度が等級に連動していないケース。例えば、高い等級に昇格しても、報酬がそれに見合った額に増えない状況になっている。

↓

（起こりうる影響）

社員は昇格の意義を感じられず、「等級が上がっても報酬に反映されないなら意味がない」と感じる可能性がある。これにより、昇格に対するモチベーションが失われるおそれがある。

↓

（改善の方向性）

・等級が上がると報酬も上がるように、報酬レンジを等級に合わせて設定し、明確な連動性を持たせる。
・昇格の価値を感じさせるよう、報酬の増加額や仕組みを見直す。
・昇格時に報酬だけでなく、研修機会など、金銭以外のメリットで昇格価値を高める。

繋がっていないケース❹：不透明な評価により報酬を明確にできない

（事例）

評価項目（何を評価するのか）、評価基準（評価項目をどのように評価するのか）が曖昧で、どのように評価されているのかが社員に明確に伝えられていない（評価結果の根拠や理由が説明されていない）。その結果、報酬や昇格の決定も不透明な状態である。

↓

（起こりうる影響）

社員が自分の評価や報酬に納得できない状況が生じる。納得性が欠けていると感じた社員は、会社に対する信頼を失い、離職率が高くなる可能性がある。また、パフォーマンスが低下し、チーム全体の生産性にも悪影響を及ぼすことが考えられる。さらに、不透明な評価は社員間の不公平感を助長する恐れもある。

↓

（改善の方向性）

・評価項目、評価基準や報酬決定のプロセスを文書化し、社員に公開する。ただし、報酬決定のプロセスについては、すべてを公開すればよいわけではないので注意が必要（167頁解説）。合わせて、評価結果についてフィードバックを行う。

繋がっていないケース❺：短期的な評価と長期的な報酬のミスマッチ

（事例）

評価制度が短期的な業績（売上や生産性など）に偏っており、長期的な成長や持続的な貢献が評価されない。一方で、報酬制度は長期的な視点で設計されており、短期的な成果がすぐに報酬に反映されない状況になっている。例えば、新規顧客の獲得数は評価されるが、既存顧客との関係構築やブランド価値向上は評価されないケース。

←

（起こりうる影響）

社員は短期的な成果ばかりを追い求め、長期的な視野でのスキルアップや貢献を軽視する。その結果、組織の持続的な成長が阻害される可能性がある。

←

（改善の方向性）

・短期的な成果だけでなく、長期的な貢献や成長も評価する基準を設ける。例えば、プロジェクトの継続的な成功や長期的なスキルアップも評価対象にするなど。
・短期的な業績だけでなく、長期的な行動、スキルの向上、チームワーク、新しいアイデアの提案など多角的な評価項目や基準を設定する。

このように、等級制度、評価制度、報酬制度がうまく繋がっていないと、社員の成長やモチベーション、組織全体のパフォーマンスに悪影響を及ぼします。それぞれの制度が連携し、整合性を保つことで、社員の納得感ややる気を高め、会社全体の成長を実現することができるようになります。

長年制度を運用している会社は注意が必要

人事制度を長年運用している会社でよく見られるのが、これらの制度の繋がりが分断されていることです。その理由として、制度の一部見直しが挙げられます。例えば、等級制度を見直すと、それに伴い、評価制度や報酬制度にも影響が及ぶのですが、それを十分に意識できている会社は多くありません。特に、部分的な制度改定を繰り返すうちに、全体のバランスが崩れ、社員が制度の意図を理解しにくくなるケースが多々見受けられます。

これにより、不公平感や不透明感が生じ、社員の熱意が低下するリスクもあります。

したがって、制度を見直す際には、関連する他の制度や会社全体の戦略とも整合性を図り、総合的な視点で検討することが不可欠です。また、社員への周知や教育を徹底し、制度変更の背景や目的を理解してもらう努力も必要です。制度をつくる時だけでなく、見直しの際にも各制度の繋がりを意識しましょう。

第4章 「自社流」人事制度の具体的なつくり方

第4章は、本書のメインテーマでもある、
自社流人事制度のつくり方を
7つのステップに分けて解説していきます。

1 「自社流」人事制度をつくる7つのステップ

7つのステップとは

「自社流」人事制度をつくる流れを7つのステップに分けて説明します（図表7）。

まずは、全体像を理解するためにそれぞれのステップについて簡単に説明します。

ステップ❶目的を明確にする

最初のステップでは、人事制度を導入または見直す目的を明確にします。この段階で「なぜ制度をつくるのか」をはっきりさせることが重要です。

目的が明確でないと、制度づくりの方向性が見えなくなり、期待する効果を得られない可能性があります。

ステップ❷現状を把握する

次に、現状の人事制度や組織の問題点を把握します。これには、現在の制度の効果や社員の意見、業績などを分析することが含まれます。

【図表7　「自社流」人事制度をつくる7つのステップ】

「自社流」人事制度をつくる7つのステップ

ステップ❶ 目的を明確にする
人事制度を導入または見直す目的を明確にする

↓

ステップ❷ 現状を把握する
現状の人事制度や組織の問題点を把握する

↓

ステップ❸ 社員に制度導入予定を事前発信する
制度を導入する前に、社員に対してその予定を事前に伝える

↓

ステップ❹ どのような体制で制度をつくるのか決定する
制度をどのような体制でつくるのかを決定する

↓

ステップ❺ 等級制度をつくる
会社の基準で社員の格付けの仕組みをつくる

↓

ステップ❻ 評価制度をつくる
会社にとっての成果とは何かを決める

↓

ステップ❼ 報酬制度をつくる
社員の評価結果に基づいて給与や賞与を決める

現状を正しく理解することで、改善すべきポイントや導入する制度の必要性が見えてきます。これが制度づくりの土台となります。

ステップ❸社員に制度導入予定を事前発信する

制度を導入する前に、社員に対してその予定を事前に伝えます。これにより、社員が制度導入の目的や背景を理解しやすくなり、制度に対する不安や抵抗感を減らすことができます。

また、社員の意見を取り入れることを考慮することで、制度がより納得性や実効性のあるものになります。こういった社員とのコミュニケーションを密にすることで、導入後のスムーズな定着が期待できるようになります。

ステップ❹どのような体制で制度をつくるのか決定する

制度をどのような体制でつくるのかを決定します。これには、制度設計のチーム編成や役割分担、外部コンサルタントの活用などが含まれます。

適切な体制を整えることで、スムーズな制度づくりが可能になります。また、制度設計に関わるメンバーの連携を強化することで、質の高い、実効性ある制度をつくれます。

ステップ❺等級制度をつくる

ここで、等級制度をつくります。等級制度は、社員の役割や能力などに応じてランクを決める仕組みで、社員の成長やキャリアパスを明確にします。

これにより、社員がどのように成長していけばよいのかを理解でき、モチベーション向上に繋がります。

ステップ❻評価制度をつくる

次に、評価制度をつくります。評価制度では、社員の働きぶりや成果を適切に評価するための基準や方法を決めます。これにより、社員はどのように働けば評価されるのかがわかり、パフォーマンスの向上や成長の促進に役立ちます。

結果として、会社の成果を上げることができるようになります。

ステップ❼報酬制度をつくる

最後に、報酬制度をつくります。報酬制度は、社員の評価結果に基づいて給与や賞与を支給する仕組みです。

報酬制度があることで、社員は自分の成果や貢献が報われると感じ、安心感や満足度が高まり、パフォーマンスも向上します。

この流れに沿ってつくることで、各制度が相互に連携し、効果的な仕組みをつくることができます。

2 ステップ❶：目的を明確にする

ここで手を抜くと失敗する！　何のために制度をつくるのか？

人事制度をつくりたいという会社に対して、私がコンサルティングの場で最初に質問するのは、次のセリフです。

「なぜ、人事制度を導入（見直し）したいのですか？」

まず、目的を明確にしていないと、専門家であっても人事制度づくりを先に進めることができません。

目的を明確にすることは制度づくりの羅針盤を持つこと

なぜ、目的を明確にしていないと人事制度づくりを先に進めていくことができないのでしょうか？　それにはいくつか理由があるのです。

・方向性が見えなくなる

目的がはっきりしていないと、どのような制度をつくればよいのかがわからなくなります。例えば、会社が何を目指しているのかが曖昧なまま制度をつくると、その制度が会社の目標やニーズに合わなくなり、期待していた効果を得られません。

・無駄な制度になりがち

目的が不明確なまま制度をつくると、本当に必要な部分に焦点が当たらず、無駄な制度になってしまうことがあります。例えば、複雑すぎて誰も使わない制度になったり、実際の問題解決に結びつかない仕組みになったりします。

・社員の納得感が得られない

人事制度が何のためにあるのかが社員に伝わっていないと、社員は「この制度は自分にどう関係するのか」「なぜこれをやらなければいけないのか」がわからず、納得感が得られません。結果として、社員のモチベーションが下がったり、制度に従わなくなったりする可能性があります。

・改善や評価が難しくなる

制度の目的が明確でないと、その制度がどれだけ効果を発揮しているのか、何をどう改善すればよいのかが見えにくくなります。目的が明確なら、どの指標を見ればよいのか、どのように改善すべきかがわかりやすくなります。

・人、お金、時間の浪費

目的が定まっていないと、人（社員）、お金、時間を使ってつくった制度が無駄になることがあります。しっかり目的を決めていれば、効果的に、人、お金、時間を使うことができ、会社にとって本当に使える（役立つ）制度をつくることができます。

つまり、人事制度の目的を明確にすることは、制度づくりの「羅針盤」を持つようなものです。この「羅針盤」がないと、どの方向に進んでいるのか、わからなくなり、時間や労力をかけた制度が期待通りに機能しなくなるリスクが高まります。

したがって、最初に「なぜこの制度が必要なのか」をはっきりさせることが、成功のカギとなります。

人事制度をつくる目的の例示

会社ごとの課題や目標によって様々ではありますが、人事制度をつくる上での目的について、次に例を示しておきます。

○社員の仕事へのやる気や意欲を引き出すこと

○社員が「納得感のある評価をされている」と感じられるようにすること

○社員がどのように成長していくのかの道筋を示し、その成長を支援すること
○人事制度を通じて、会社の経営理念や価値観を社員に浸透させること
○組織の変化や新たな事業の戦略に対応できる人材配置や育成を行うこと
○会社の目標や戦略に沿った行動を社員に促し、業績向上につなげること
○ルールをつくり、社員の不満を減らし、気持ちよく働ける環境を整えること
○優秀な人材を惹きつけ、働きがいをもって永く働いてもらうこと
○全社員が同じ方向に向かって働くための一体感をつくること
○管理者が部下を適切にマネジメントできるようにすること
○社員が「自分の給与は妥当だ」と感じられるようにすること

人事制度をつくる目的は、例に挙げたようなことを実現するための「道具」を整えることです。

人事制度をつくること自体を目的にしてはいけません。

さて、あなたの会社は、「なぜ、人事制度を導入（見直し）したいのですか？」

その答えが明確であればあるほど、制度づくりは効果的かつ効率的に進めることができます。また、その目的を社員に共有することで、社員の協力も得やすくなり、制度の導入後もスムーズに運用できるようになるでしょう。

3　ステップ❷：現状を把握する

検討すべき内容

人事制度をつくるためには、まず自社の現状をしっかりと把握することが大切です。これを丁寧に行うことで、どのような制度が必要で、どのように改善すればよいのかが見えてきます。

検討すべき内容について説明すると、次のとおりです。

〔検討すべき内容〕

- ・現在の人事制度がどうなっているか確認する
- ・会社の問題点や課題を洗い出す
- ・会社のビジョン、経営理念、ミッション、目標、戦略などを確認する
- ・会社のお金の状況を確認する
- ・これからの会社の方向と人材のニーズを考える
- ・人事制度全体の方向性を考える

・現在の人事制度がどうなっているか確認する

○人事制度に関する書類チェック

現在の人事制度がどのように運用されているか、実際の運用状況を確認します。

具体的には現在の人事制度に関連するすべての資料（組織図、評価シート、給与規程、昇降格基準、就業規則など）を集めて内容を確認します。

人事制度がない会社の場合でも、現在手元にある資料を集めて確認しましょう。

資料の整合性が取れているか、運用に矛盾がないかをチェックします。

次のようなケースが整合性が取れていない、運用に矛盾がある一例です。

・給与規程で昇給や昇格の基準が明確に記載されているにもかかわらず、実際の運用ではその基準が守られていない。

・「評価A以上は昇給対象」となっているが、実際には予算の都合で昇給が見送られることがある。

・人事制度マニュアルには「定期的なフィードバックを通じて社員の成長を促進する」と記載されているが、実際にはフィードバックがほとんど行われていない。

私の経験上、これらの矛盾点が放置されている会社は少なくありません。結果として、社員の不満や不信感を招く原因となります。

○評価プロセスの分析

実際にどのように評価が行われているか、評価プロセスの流れを確認します。評価のタイミング、評価者の役割、評価項目・評価基準の具体性、フィードバックの実施方法などを詳細に分析します。

実際に評価が現場でどのように実施されているか、評価者と被評価者の双方からの意見や感想を集めます。

評価プロセスが時間や手間の面で現実的かどうかも確認します。

○制度運用の実態確認

人事制度が実際にどのように運用されているか、部署やチームごとに実態調査を行います。

制度が形骸化していないか、ルールが守られているか、部署によってバラつきがないかを確認します。

アンケートやインタビューを活用して、現場での運用状況を把握します。また、運用担当者へのヒアリングを通じて、運用の負担感や課題を洗い出します。

○会社の理念や文化、価値観に合っているか

現行の制度が、会社の理念や文化を反映したものであるかを検討します。社員の行動規

範や求められる価値観と整合性が取れているかを確認します。

・会社の問題点や課題を洗い出す

会社の問題点や課題は、定量的（数字化できるもの）な内容と定性的（数字化できないもの）な内容に分けることができますが、ここでは複雑に考えず、まずはどんどん挙げていきましょう。

会社の問題点の例示

よくある会社の問題点の例をいくつか挙げてみます。

○業績が上がらない、下降気味である
○自社の業界がシュリンク（収縮）していっている
○会社のビジョンや長期目標を会社が示せていない
↓社員が何に向かって働いているのかわからず、日々の業務が単なる作業と化している
○組織の風通しが悪い
↓新しいアイデアが出にくくなり、組織の活力が失われる。問題が起きてもすぐに対応できないため、事態が悪化することがある

○社員のモチベーションが低い
↓社員が仕事にやる気を感じていない、主体的に動かない、仕事は最低限のことしかやらないなどの状態
○人手不足で業務が回らない
↓採用活動がうまくいっておらず、既存の社員に過度な負担がかかっている。結果として、品質の低下や納期遅延が発生している
○社員の離職率が高い
↓新入社員がすぐに辞めてしまう、中堅社員が次々と転職してしまうなど
○コミュニケーション不足
↓部門間の連携が取れていない、上司と部下の間で意思疎通ができていない、情報共有が不十分で仕事が滞るような状態
○社員が評価や報酬に対しての不満が多い
↓評価基準が曖昧で納得性が感じられない、成果が報酬に反映されない
○人材育成が不十分で社員が成長していない
↓社員のスキルが向上せず、業務の質が上がらない。特に、新しい技術や業務に対応できる人材が育たず、組織全体の成長が鈍化している

◯業務プロセスが属人的で非効率
→業務が属人的でマニュアルがない、無駄な会議が多い、手作業が多くて自動化されていない
◯管理職のマネジメント能力が低い、リーダーシップがない
→部下のモチベーションを引き出せない、部下を育てられない、フィードバックが少ない、問題解決能力が低いなど
◯市場や顧客のニーズに対応できていない
→市場の変化や顧客の要望に適切に対応できず、競合他社に遅れをとっている。新規顧客の獲得や既存顧客の維持が難しい状況になっている
◯働き方の多様性に対応できていない
→多様な働き方への対応が遅れている

いかがでしょうか？　皆さんの会社にも思い当たる問題があるのではないでしょうか？

これらの問題点は、会社の業績や社員の働きぶりに大きな影響を与えるだけでなく、組織の存続すら脅かす可能性があります。問題を放置せず、原因を徹底的に分析し、人事制度改革のタイミングで的確な対応を取りましょう。そうすることで、組織の健全な発展と「この会社だからこそ働きたい」という社員の意欲を高めることができます。

・会社のビジョン、経営理念、ミッション、目標、戦略などを確認する

会社のビジョンや経営理念などを確認することで、人事制度が会社全体の方向性と合致するかどうかを確認します。

○会社のビジョン・経営理念などの確認

会社のビジョン（会社がどうなりたいのか?）、経営理念（経営する上での核となる考え方）、ミッション（会社の存在意義）などを確認します。これにより、会社が目指す方向性が明確になります。「うちにはビジョンとかカタカナのものはないよ」という会社はそれでも構いません。

大切なのは、会社が何を重視していて、どこを目指しているのかがわかるものを確認することです。「いや、そもそもないよ」という会社は、これを機につくりましょう!

○経営計画・戦略目標の把握

経営計画や中長期の戦略目標を確認します。これには、売上目標、利益目標、新規事業の立ち上げ、マーケットシェアの拡大などが含まれます。戦略目標に応じた人材が求められるため、例えば「デジタル化を進める」という戦略がある場合、ＩＴスキルの評価を強化する必要があります。

また、成長領域に応じた専門性を持つ社員の育成も必要です。

○会社の強み・弱みの確認

自社の強み（例：技術力、ブランド力）や弱み（例：人材不足、デジタル化の遅れ）を確認します。自社の強みをさらに伸ばすために、例えば技術力が強みであれば、その技術を最大限に活かせるような人材の評価基準や報酬体系を整え、優秀な技術者が活躍できる環境づくりを考える必要があります。

弱みの補強には、例えばデジタルスキルが不足している場合、それに対応する社員研修や専門人材の積極的な採用計画を設け、組織全体のスキルアップを図り、これにより、弱点を克服し、競争力を高めることを検討していく必要があります。

○市場のトレンドと経済環境の確認

自社が属する業界の市場トレンドや経済環境を把握し、それに合わせた人事戦略を考えます。業界が成長しているのか、停滞しているのか、新たな規制が導入されるのかなど、外部環境の変化を確認します。

例えば、業界全体がデジタル化に向かっている場合、デジタルスキルを持つ人材の評価や育成を強化し、デジタル分野での競争優位性の確保を目指し、また、厳しい経済環境でコスト削減が求められる場合は、効率的な人員配置や報酬制度の見直しを検討し、限られたリソースで最大の成果を上げることが求められます。

・会社のお金の状況を確認する

人事制度をつくるためであっても、お金のことを考えなければいけません。会社の財務状況を正確に把握することで、現実的かつ継続的に運用できる人事制度をつくることができます。

○予算の確認

現在の人件費の総額、給与、賞与、決算賞与の支出など、人事関連の予算を詳細に確認します。これにより、どれだけの資金が人事制度に充てられるかがわかります。

例えば、「今年は予算が厳しいが、来年は業績回復を見込んでいる」など、今後の資金計画をもとに人事制度導入のタイミングも検討することができます。

○人件費の将来予測

今後の事業計画や組織の拡大に伴う人件費の増加を予測します。例えば、新規事業の立ち上げや市場拡大による採用増加が予想される場合、それに対応する人件費の見込みを立てます。また、「2年後には新規事業の拡大で20名の採用が必要」といった具体的なシナリオをつくり、その際の人件費がどれだけ増加するかをシミュレーションします。

○給与などの報酬コストの分析

給与や年収、時間外割増などを分析します。例えば、「管理職の給与が高く、若手社員

【図表８　賃金プロット図】

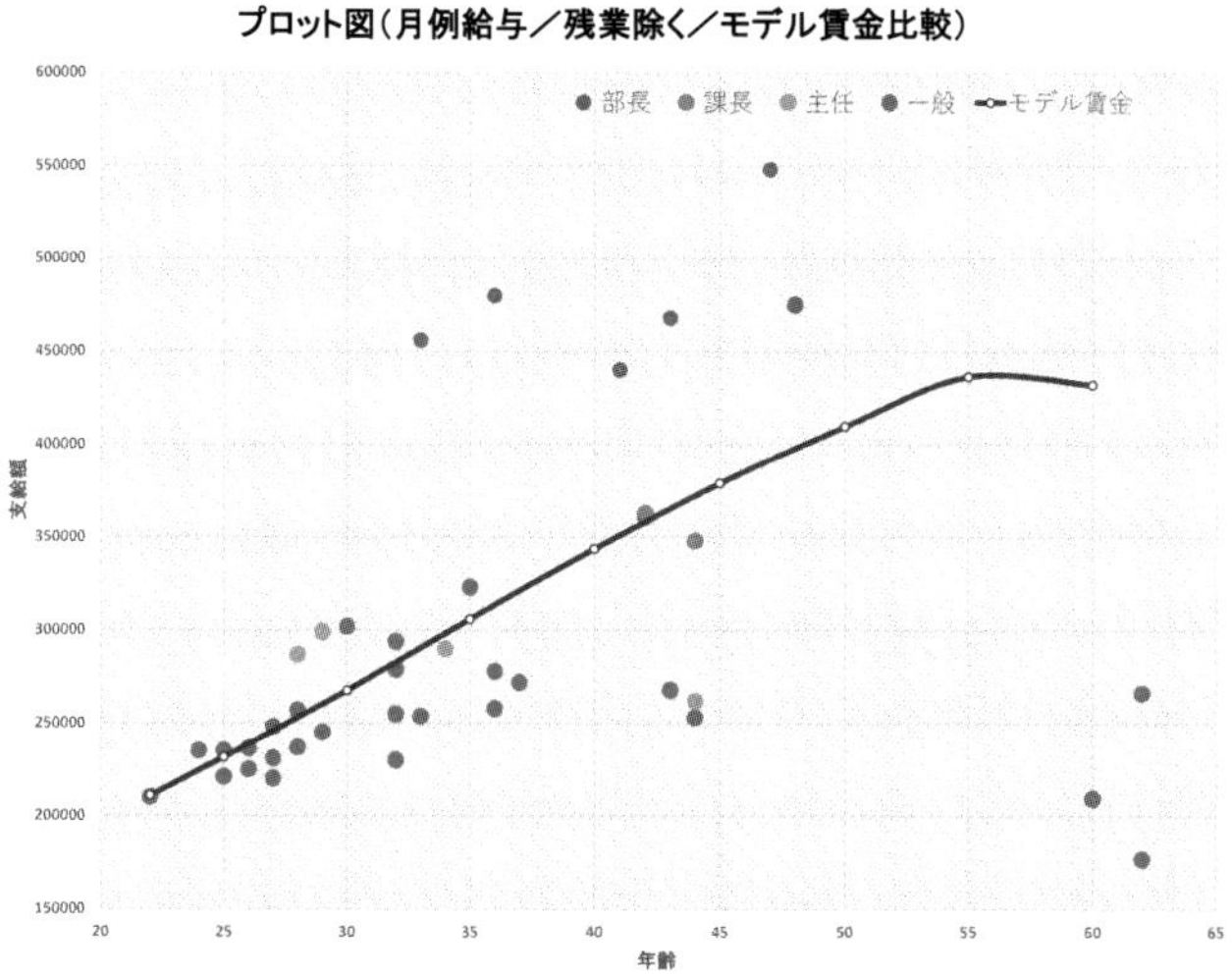

とのバランスが悪い」や「時間外割増がつかない管理職と、時間外割増が多い非管理職の給与が逆転している」といった具体的な問題点を把握し、報酬体系の見直しを検討します。

また、会社の業績と報酬の連動性を強めたい場合は、固定給与の割合を減らし、インセンティブ要素を増やすなど、コスト構造の再設計も検討します。

報酬を分析する上で、おすすめするのが、賃金プロット図です（図表８）。社員の報酬水準は図表で確認した方が圧倒的にわかりやすいです。

※賃金プロット図は、「プロット図、賃金、エクセル」でネット検索すると簡単に作成できますので、ぜひチャレンジしてみてください。

・これからの会社の方向と人材のニーズを考える

会社が今後どのように成長していきたいのか、どの分野で力を入れたいのかに合わせて、必要な人材を考えます。これにより、会社の戦略と合った人材を採用し、育てることができます。また、明確な方向性を持つことで、社員自身もキャリアパスを描きやすくなり、モチベーションの向上にも繋がります。

○会社の未来の目標（ビジョンなど）、戦略（方向性）を確認

既に触れた内容と一部重複しますが、会社がどんな未来を目指しているのか、どの方向に進もうとしているのかを確認します。

例えば、「海外展開を進める」のであれば、外国語ができて国際的な経験を持つ人材が必要です。また、新規事業の開拓を目指す場合は、イノベーションに強い人材や、柔軟な思考を持つ人材の確保が重要になります。

○今後必要になる社員のスキルを確認する

現在の社員が持っているスキルと、今後必要になるスキルを比較します。足りないスキルがあれば、それをどう補うかを考えます。社員のスキルを一覧にし、将来的に必要なスキルを洗い出します。例えば、デジタル技術が不足している場合は、その分野のスキルを持つ人を採用したり、社内で育成する必要があります。

○リーダーになれる人材を育てる

リーダーが育つことで、会社の将来の成長を支える原動力となります。会社が求めるリーダー像を明確にしましょう。リーダーに必要なスキル、行動特性、価値観などをリストアップし、どのようなリーダーを育てたいのかを具体化します。

例えば、「決断力がある」「部下の育成ができる」「ビジョンを示せる」など、具体的なリーダーシップ特性を定義し、それを基に評価項目や評価基準などを考えることができます。さらに、これらの特性を伸ばすための研修や教育プログラムも検討しましょう。

ここまで5つの項目に分けて説明してきましたが、全ての項目について現状分析するのは難しいこともあるかと思います。特に、2つ目の会社の問題点の確認、3つ目のビジョンの確認、4つ目のお金の状況の確認（報酬水準）は、重点的に取り組んでみてください。

これらは人事制度の基盤となる要素であり、制度の効果性に大きく影響します。

・人事制度全体の方向性を考える

これまでの現状分析を踏まえて、最終的に人事制度全体の方向性を考えてみましょう。

図表9を参考に、この後、具体的に何を検討していけばよいかイメージしてみてください。これらの検討を行うことで、自社流の人事制度をつくる上での土台が築けます。

【図表９　人事制度の方向性の整理】

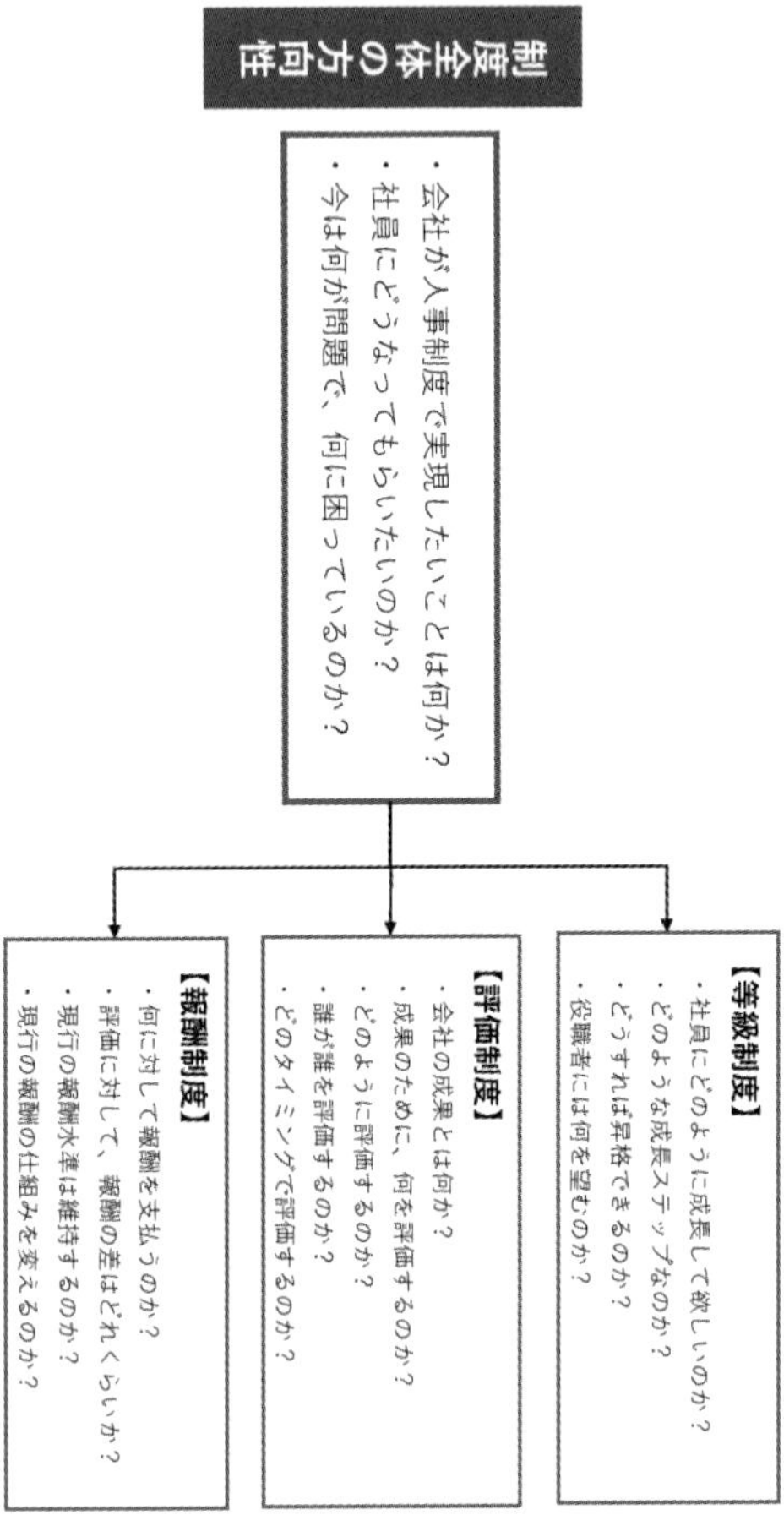

4　ステップ❸：社員に制度導入予定を事前発信する

社員に会社（社長）の本気を示す！

さぁ、いよいよ人事制度をつくる段階までやってきました。しかしその前に、社員に人事制度導入の予定について事前に発信しましょう。

「えっ？　そんなこと必要あるの？　制度ができ上がってから案内でよいんじゃないの？」と思われる方もいらっしゃるかもしれません。

これにはいくつか理由がありますが、最も重要な理由は、会社が制度導入をやり抜くという決意表明をするためです。

実際、人事制度の策定途中で頓挫してしまうことはよくあります。人事制度は経営上の重要度は高いものの、緊急性に欠けると判断され、後回しにされることが多いのが現実です。

だからこそ、「これからつくるぞ」というスタート段階で、社員に発信してほしいのです。これにより、会社（社長）の本気度を明確にし、背水の陣を敷いてやり抜くことを宣言するのです。

発信内容のポイント

では社員に何を発信すればよいのでしょうか？　次の通りです。

【発信内容のポイント】

・自社の現状（当社は今このような状況にある）
・自社の目指す未来（当社はこんな未来に向けて進んでいきたい）
・未来に向けて今すべきこと（そのためには人事制度改革が当社には必要だ）
・制度導入の予定時期（いついつに導入を予定している）
・社員への協力と理解（皆さんにもぜひ協力してもらいたい）

これらの内容を文書化し、社長名で社員に発信してください。それによって、社員へのインタビューもスムーズに行えますし、外部コンサルタントに依頼して社内に入る場合でも、社員からの不安や抵抗感を軽減することができるでしょう。また、社員が会社の現状や今後の方向性を再認識する機会にもなります。

小さなことに思われるかもしれませんが、こういったアクション1つひとつが、人事制度改革の成功にとって重要なステップとなります。

5　ステップ❹：どのような体制で制度をつくるのかを決定する

社内のみで進めるか、社外の専門家を活用するか

人事制度をつくる上で、どのような体制で制度づくりに臨むかは、制度の完成度や社員の納得度、制度導入後の運用への影響度に大きく関わってきます。

具体的には、社内のみで進めるか、社外の専門家を活用するかといった体制の選択肢があります。いくつかのパターンが考えられますので、それぞれメリット、デメリットへの対策などを解説していきます。

※パターン名はわかりやすさを優先し、私が独自に名づけたものです。ここで、「人事」と表現していますが、中小企業の場合、人事部という専門の部門がないことも多いため、総務部や管理部門なども想定しています。

【制度をつくる体制4つのパターン】

①経営主導型（社長など経営陣・人事）
②社内プロジェクト型（社内プロジェクトメンバー・人事）

③外部コンサル依頼型（経営陣・人事・外部コンサルタント）
④社内と外部のハイブリッド型（社内プロジェクトメンバー・外部コンサルタント）

パターン①：経営主導型（社長など経営陣・人事）

社長など経営陣と人事部が中心となり、経営主導で人事制度づくりを進める方法です。このアプローチでは、会社のトップダウンの意思決定を活用し、迅速に制度をつくり、導入することを目指します。社長のビジョンや方針が制度に直接反映されるため、経営戦略と人事制度の整合性が保たれやすいという特徴があります。

【メリット】

・経営陣が主導することで、決定が迅速に行われ、プロジェクト全体のスピード感を保つことができます。特に、制度導入の緊急性が高い場合や、会社の方向性が明確である場合に効果的です。
・社長の考えやビジョンが制度に直接反映されるため、経営戦略と人事制度の一貫性を保ちやすいです。また、社長の強いリーダーシップが社員に伝わり、会社全体の方向性を統一する効果も期待できます。
・社外のコンサルタントを使わずに自社内で進めるため、外部費用が抑えられます。経営陣と人事部のみで進めるため、コンサルティングフィーなど外部委託にかかる費用が発生しません。

【デメリット】

・経営側の一方的な視点で設計されることが多く、現場の実情や社員の声が反映されにくいことがあります。この結果、制度に対する社員の納得感が低くなり、導入後の運用に支障をきたす可能性があります。

・経営主導のため、現場のニーズや細かな運用面が見落とされることがあります。現場の状況に応じた調整が必要な場合、柔軟性に欠ける制度になってしまうリスクがあります。

・表面的にはコストが抑えられても、社内の人手や時間の負担が大きくなり、人事部門や経営陣の時間を多く取られることで、他の重要な業務に支障をきたす「機会コスト」が発生する可能性があります。

【デメリットへの対策】

・制度設計の初期段階から社員の意見や現場の声を取り入れるために、社員ヒアリングやアンケートを実施することが有効です。これにより、社員の視点を反映させつつ、制度に対する理解と納得感を高めることができます。

・経営陣から社員に対して、制度導入の目的や期待される効果を明確に説明する場を設けることで、社員の理解を促進します。トップダウンであっても、透明性のあるコミュニケーションによって社員の協力を得やすくなります。

【アドバイス】

・このアプローチは、経営陣のリーダーシップとスピード感を活かした制度づくりが可能ですが、社員の納得感を得るための工夫が不可欠です。社員の声を適切に取り入れながら、会社（社長）のビジョンを実現する人事制度を目指しましょう。

パターン②：社内プロジェクト型（社内プロジェクトメンバー・人事）

社内から各部署の代表者やキーパーソンを選出し、プロジェクトチームとして人事制度づくりを進める方法です。

このアプローチは、社内の意見やニーズを制度に反映しやすく、実態に合った人事制度をつくり上げることを目指せます。プロジェクトメンバーは通常、人事部門だけでなく、営業、経理、製造など多様な部署から集められ、各部門の視点を統合した制度設計が可能となります。

【メリット】

・社内のプロジェクトメンバーが直接制度づくりに関わるため、現場のニーズや実際の業務に即した制度設計がしやすいです。これにより、社員の納得感が高まり、制度への受け入れがスムーズになります。
・現場の意見が反映されることで、現実的で運用しやすい制度がつくりやすくなります。業務フローや実務の具体的な課題が考慮されるため、制度が実際に機能する可能性が高まります。
・プロジェクトに関わることで、各部署のプロジェクトメンバーが制度の理解を深め、制度導入後の運用において、現場で「伝道者」として制度を主導してくれる可能性が高まります。

【デメリット】
・人事の専門知識がないメンバーが多い場合、制度設計の専門性や完成度に課題が出ることがあります。特に、評価制度や報酬制度の設計には一定の知識が必要であり、経験不足から誤った設計をするリスクがあります。
・プロジェクトメンバーが通常業務と並行して制度づくりに取り組むため、時間がかかり進行が遅れることが多いです。特に、プロジェクトメンバーが他の業務の優先度を高くしてしまうと、制度づくりが後回しになりがちです。
・制度づくりに必要な労力が社内に集中するため、プロジェクトメンバーの負担が増え、通常業務に支障が出る可能性があります。これが結果的に「見えないコスト」として、業務効率の低下や社員の疲労に繋がることがあります。

【デメリットへの対策】

・プロジェクトの進捗状況を定期的に管理し、必要に応じてメンバー追加・変更、スケジュールの調整を行います。経営陣がサポートし、プロジェクトの優先順位を社内で明確にすることも重要です。

・必要に応じて社内での人事制度に関する教育を充実させ、プロジェクトメンバーのスキルを底上げします。これにより、制度の完成度と運用後の効果を高めることができます。

【アドバイス】

・この体制は、社内リソース（人員、時間）を最大限に活用しつつ、社員の納得感を得るために有効ですが、進行管理や専門知識の補完に注意が必要です。コスト面での見えにくい負担を意識し、適切なサポートを整えながら進めることが成功の鍵となります。

パターン③：外部コンサル依頼型（経営陣・人事・外部コンサルタント）

外部のコンサルティング会社に依頼し、経営陣と人事部門がサポートを受けながら進める方法です。

このアプローチは、専門的な知識と時代を反映した人事トレンドや情報を反映し、効率的に人事制度をつくることを目指せます。コンサルタントは制度設計の専門家として、会社の戦略に基づいた最適な制度を提案し、迅速な導入をサポートします。

【メリット】

・外部コンサルタントは人事制度の設計において豊富な経験と知識を持っているため、プロの視点から最適な制度を提案してもらえます。他社事例などを基に、実績のある方法を導入することができるでしょう。
・決裁権限のある経営陣が参加していることで、スムーズで迅速な制度づくりが可能となり、計画されたスケジュール通りにプロジェクトを進めることができます。
・プロによる設計のため、精度が高く、実行可能な制度が期待できます。外部の客観的な視点を取り入れることで、制度の一貫性や整合性も高まりやすくなります。

【デメリット】

・コンサルティング会社に依頼するため、コストが大きくなることが一般的です。特に大手や専門性の高いコンサルティング会社を利用する場合、プロジェクトの規模や期間によって数百万円から数千万円の費用がかかることもあります。
・外部に依存することで、社内の制度設計能力が育たないというリスクがあります。コンサルタントの提案に頼りすぎると、制度の細かな調整や運用において、社内での対応が難しくなることがあります。

【デメリットへの対策】

・コンサルティング契約の内容を明確にし、コスト管理を徹底することで、予算オーバーを防ぎます。初期の見積もりを詳細に確認し、追加費用のリスクも考慮した契約を結ぶことが重要です。

【アドバイス】

・この体制は、プロの知識と経験を最大限に活用でき、迅速かつ質の高い制度をつくるのに最適ですが、コスト面を慎重に考える必要があります。高コストではありますが、長期的な視点で見ればコストパフォーマンスがよい場合もあります。制度の精度や導入スピードを考慮すると、短期間で高い効果を得られる可能性も高いです。

パターン④：社内と外部のハイブリッド型
（社内プロジェクトメンバー・外部コンサルタント）

社内プロジェクトメンバーと外部コンサルタントが共同で人事制度づくりを進める方法です。このアプローチでは、社内の現場の知識と外部の専門的な視点を組み合わせ、双方の強みを活かして制度を設計します。プロジェクトメンバーは、制度導入後に現場での「伝道者」として役割を果たし、社員への制度の浸透と納得感の向上に貢献してくれます。

【メリット】

・社内プロジェクトメンバーの知識不足や制度設計の経験の欠如を、外部コンサルタントの専門知識で補います。これにより、質が高く、実効性のある制度を効率的につくることができます。

・社内プロジェクトメンバーがプロジェクトに直接関わることで、制度設計の背景や目的を深く理解することができます。制度導入後、プロジェクトメンバーが「伝道者」として現場で制度を推進することで、社員の納得感が高まり、制度の受け入れがスムーズになります。

・社内と外部の双方の視点を取り入れることで、制度のカスタマイズが容易になります。現場の声を反映しつつ、専門家のアドバイスを受けることで、柔軟かつ実態に即した制度設計が可能です。

【デメリット】

・社内プロジェクトメンバーとコンサルタントの間でのコミュニケーションや調整が必要になるため、進行が複雑になる場合があります。異なる視点や意見を調整するための時間と労力がかかり、意見がまとまらない、または、多数決を優先して、個性のない制度が完成することがあります。

【デメリットへの対策】

・社内プロジェクトメンバーの数を多くし過ぎないことが重要です。人数が増えると、意見がまとまらず、多数決に依存する傾向があります。

・社内プロジェクトメンバーとコンサルタントの役割を明確にし、プロジェクト計画を詳細に立てることで、コミュニケーションのズレを防ぎます。定期的な進捗会議や報告を行い、進行状況を常に把握できる体制を整えます。

【アドバイス】

・このアプローチは、社内の現場視点と外部の専門知識を融合させることで、制度の完成度と実効性を高めることができます。社内の納得感を高めながら、効率的に人事制度をつくるために適しています。また社内の問題点として、社員が評価や報酬に対して不満が多い場合には、特に効果的でしょう。

自社の状況と目的に合わせて体制を考える

どのアプローチを選ぶかは、自社の状況や目的、予算に応じて決定します。経営主導型はスピード重視、社内プロジェクト型は納得感重視、外部コンサル依頼型は完成度重視、社内と外部のハイブリッド型はバランス重視と、それぞれの特徴を理解して選択することで、自社流人事制度をつくることが可能です。

いずれの進め方をするにしても、自社の状況と目的に合わせた体制を考えることが重要です。また、人事担当者は必ずプロジェクトに参加させるべきです。彼らが制度の運用を含め、実務面を実際に進める役割を担うことになるからです。

6　ステップ❺：等級制度をつくる（社員にどうなって欲しいのか示す）

等級制度とは

では、等級制度をつくっていきましょう。等級制度とは、社員の役割や能力などに応じて、社内での位置づけやランクを決める仕組みです。

これにより、社員がどのように成長できるかの道筋が明確になり、「どうやって今の仕事から次のレベルに進むのか」や「どんな仕事をしていけば昇格できるのか」といったことが見えるようになります。

【図表10　一般的な等級制度の表】

階層	等級	定義	役職
管理職	7級	…………	部長
	6級	…………	課長
監督職	5級	…………	係長
	4級	…………	
一般職	3級	…………	主任
	2級	…………	
	1級	…………	

つまり、「社員が現在どの位置にいて、どのようにすれば次のステップに進めるか」を示す制度です（図表10）。何をもって格付けするのかは会社の判断となります。

例えば、銀行には「信用」に基づいた格付けがあります。レストランであれば、「料理の質や創造性」などが格付けの基準になるでしょう。

等級制度をつくると会社によいことが待っている！

人事制度は、等級制度、評価制度、報酬制度の三本柱から成り立っていますが、等級制度が最も重要な制度です。それゆえ、「人事制度の骨格」と言われることもあります。

しかし、多くの会社が等級制度を重視していないように感じることが多々あります。その要因として、等級制度の有効性やそのメリットが経営層や管理職に十分に理解されていないことが考えられます。

例えば、管理職向けの評価者研修において、私はよく管理職に「自社の等級制度について説明してください」と質問しますが、残念ながら、しっかりとした回答が返ってくることはほとんどありません。

ここで、皆さんに知っていただきたいのは、「等級制度をつくることによって、会社によいことがある」ということです（図表11）。

等級制度をつくることで、会社は社員に次のような期待を明示することができます。

・「どのように成長してほしいか」
社員がどのようなスキルや知識を身につけ、どのように成長していくべきかを示すことができます。

・「どんな能力を身につけてほしいか」
必要な能力や技術、知識を明確にすることで、社員が自分の成長目標を持つことができます。

・「どんな職務を担ってほしいか」
社員に期待する具体的な役割や責任を示すことができ、目標設定が明確になります。

・「どんな役割を発揮してほしいか」

【図表11　等級制度があるとこんなよいことが】

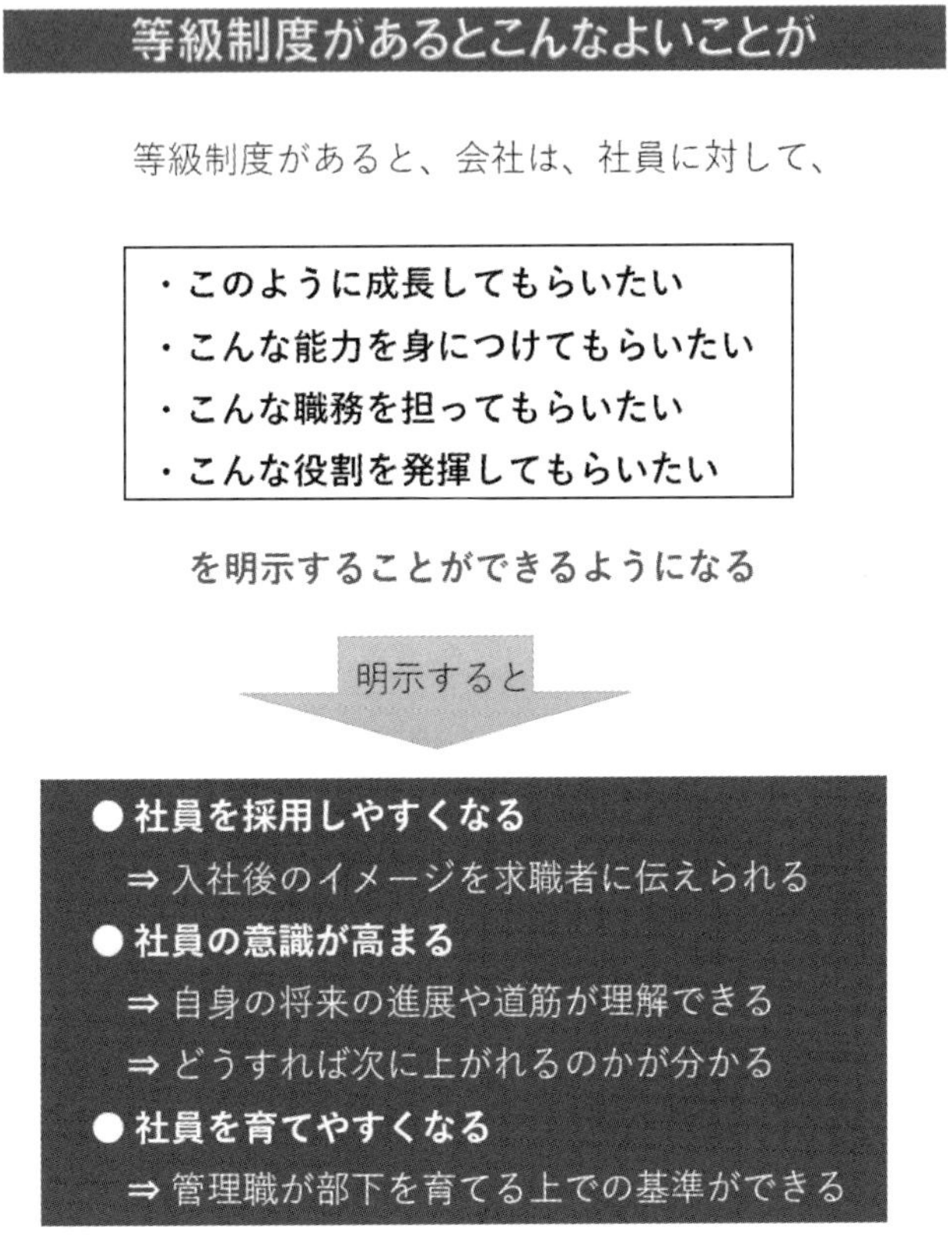
等級制度があるとこんなよいことが
等級制度があると、会社は、社員に対して、
・このように成長してもらいたい
・こんな能力を身につけてもらいたい
・こんな職務を担ってもらいたい
・こんな役割を発揮してもらいたい
を明示することができるようになる
明示すると
●社員を採用しやすくなる
⇒ 入社後のイメージを求職者に伝えられる
●社員の意識が高まる
⇒ 自身の将来の進展や道筋が理解できる
⇒ どうすれば次に上がれるのかが分かる
●社員を育てやすくなる
⇒ 管理職が部下を育てる上での基準ができる

組織内で社員に求められる役割や影響力を明示することで、社員がどのように貢献できるかを理解することができます。

会社が得られるこれだけのメリット

これらの期待を明示することにより、会社に次のメリットが得られます。

・社員を採用しやすくなる

等級制度があることで、会社は入社後の社員の成長イメージやキャリアパス（仕事における成長や進み方）を求職者に伝えることができ、会社の魅力を効果的にアピールできます。

・社員の意識が高まる

社員は自分の将来の進展や道筋を理解できるため、目標に向けた意識が高まり、どのように次のステップに進めるかが明確になります。

・社員を育てやすくなる

等級制度により、管理職は部下を育てるための基準を明確に持つことができ、人材育成がしやすくなります。

このように、等級制度は社員の成長や意識の向上に大きく寄与し、会社にとっても組織全体の育成方針を明確にするための有効な手段となります。

会社の中で社員にどうなっていって欲しい？

皆さんに、ぜひ考えていただきたいことがあります。

「会社（社長）は、社員にどのようなステップで成長してもらい、最終的にどのような姿になってもらいたいのでしょうか？」

社員にどのように成長してもらいたいかは、会社のビジョンや事業戦略に深く関わっています。

例えば、会社が将来求めるリーダー像や経営層の役割を考え、それに向けた育成方針を設定することが大切です。社員がどのようなステップを踏んで成長するのかを明確にすることで、社員も自身が会社でどのように成長していくかという道筋を理解し、意欲的に取り組むことができます。

具体的例として、次のようなステップが考えられます。

例1：多部門経験型のキャリアパス

・初期ステップ（スタッフ）

社員には、まず複数の部署を経験させ、幅広い業務知識とスキルを習得します。

この段階では、基本的な業務スキルを磨き、組織全体の流れを理解することが目標です。

・中期ステップ（リーダー）

次に、課やチームのリーダーとして組織運営に携わり、リーダーシップやチームマネジメントのスキルを身につけます。ここでは、自らの経験を活かし、他者を指導し、プロジェクトをけん引する能力が求められます。

・後期ステップ（経営マネージャー）

最終的に、経営層として組織全体の戦略に関与し、経営判断を行う立場にステップアップします。会社のビジョンを実現するために、自らが方向性をリードする存在になることが期待されます。

例2：現場重視型のキャリアパス

・初期ステップ（スタッフ）

現場での実務経験を通じて、業務の基本に忠実に取り組み、実践的な知識と技能を身につけます。この段階では、現場の課題を理解し、解決策を考える力を養います。

・中期ステップ（リーダー）

現場リーダーとして、チームの指揮を取りながら、業務の効率化や改善を推進します。リーダーシップの強化に加えて、現場の業務プロセスを最適化する力が求められます。

・後期ステップ（工場長）

工場長や事業部長として、全体の運営管理に携わり、製造技術の向上や生産性の向上を図ります。この段階では、大規模な単位での業務改善や事業運営をリードすることが求められます。

例3：専門職型のキャリアパス

・初期ステップ（エントリーレベル／ジュニアスペシャリスト）

この段階では、社員は専門分野の基本的な知識とスキルを習得します。具体的なタスクやプロジェクトに取り組みながら、経験を積み、専門的な基礎を固める段階です。基本的な技術や知識の習得、仕事の流れや業界の基礎的な理解を深めることが目標です。

・中期ステップ（シニアスペシャリスト／プロフェッショナル）

中期ステップでは、専門知識をさらに深め、より複雑で責任のある業務やプロジェクトを担当します。問題解決能力が求められ、チーム内での指導や技術的なリーダーシップも期待されます。

高度なスキルの習得と応用、専門分野でのリーダーシップの発揮、他のメンバーへの指導や支援を行い、専門職としての影響力を広げることが目標です。

・後期ステップ（エキスパート／マスター／プリンシパル）

この段階では、組織内外で認められる専門家として、戦略的なプロジェクトや全社的なイニシアチブ（主導権、率先して行う行動）に関わります。技術戦略の策定や、業界の標準に影響を与えるような役割を果たし、組織全体の方向性に寄与します。組織の技術的な方向性をリードし、業界の中での影響力を持つ専門家として活躍することが目標です。新たな技術の導入や、技術的なイノベーションを推進します。

専門職型のキャリアパスでは、役職や階層が変わっても、常に専門性の深化が求められます。マネジメント型のキャリアパスとは異なり、専門スキルの向上や業界でのリーダーシップが重視されます。

このように、専門職型のキャリアパスは、専門分野での成長と貢献を軸に設計され、社員が自分の専門性を発揮しながらキャリアを築いていくことを目標とします。

段階の設計ポイント

このように、まずは大きく3つの段階に分けて考えると等級制度がつくりやすくなります。その後、各ステップの内容をさらに細かく分けることで、5つ、6つ、あるいはそれ以上の等級に区分することも可能です。これにより、社員にとっても目標が明確になり、会社にとっても組織の育成方針が明瞭になります。

等級制度（社員格付け）の軸を何にするのか？

等級制度を設計する際には、どの軸で社員を格付けするかを決める必要があります。等級制度の軸の考え方は大きく3つあります。

軸の考え方①：「人」基準＝「能力」

この軸では、社員の能力やスキルの成長段階に基づいて等級を設定します。具体的には、社員の技術的なスキルや知識、リーダーシップなどの能力が高まるごとに、等級が上がっていく仕組みです。

この基準は、社員の専門性やスキルの習得に焦点を当て、能力開発を重視する会社に適しています。

軸の考え方②：「仕事」基準＝「職務」

こちらは、社員が担う仕事や職務の大きさや責任に基づいて等級を決める軸です。これがいわゆる「ジョブ型」のアプローチで、職務記述書（ジョブディスクリプション）に基づいて役割や職務の範囲を明確にし、それに応じて等級を設定します。

例えば、職務の複雑さや影響力が増すごとに、等級が高くなります。役職との結びつきが強く、管理職や専門職などの階層を明確にするのに適しています。

軸の考え方③：「人＋仕事」基準＝「役割」

この軸では、社員に期待される役割の大きさや影響力に基づいて等級を設定します。これは「能力」と「職務」の要素を合わせ持ち、社員が組織内で果たす役割の重要性に応じて等級が決まります。

実際には、「役割」は「職務」に近い概念であり、社員がその役割を果たすために必要なスキルや責任を基に判断されます。

実は等級の軸は2つだけ

さらに踏み込むと、等級の軸は「能力」と「職務」の2つに集約できます。「役割」は広義には「職務」に近いものであり、職務上の役職（例：部長、課長など）と等級が結びついていることが多いです。

どこに焦点を当てるのか？

等級制度の軸を考える際には、能力、職務、役割の「どこに焦点を当てるのか？」という視点が重要です。実際、社員が仕事を遂行する上では、「能力」「職務」「役割」のすべてが必要となるものです。

「社員は、自分の持つ能力を最大限に活かして役割を果たし、その結果、職務における成果を出す」ことが求められます。これらはすべて繋がっており、別物の概念ではないということです。

等級制度の軸を選ぶ際には、これらを完全に切り離して考えるのではなく、「能力」、「職務」、「役割」のいずれに焦点を当てるのかで考えてみてください。

例えば、社員の能力開発を重視したい場合は「能力」を軸にした等級制度を導入します。業務遂行能力や職務の大きさに焦点を当てたい場合は、「職務」を軸にします。会社として社員に何を求めるのか、そしてどのような人材像を描くのかを明確にすることで、最適な軸が自然と定まってきます。

決して、ジョブ型ありきなど、形から考えてはいけません。

【等級表づくり（4つの具体的なポイント）】

①等級のハコの数をいくつにするのか？
②等級の名称をどうするのか？
③各等級の定義はどのような文言にするのか？

④役職の数を見直す

等級表づくりのポイント①：等級のハコの数をいくつにするのか？

等級の数は、主に能力や役割を軸とする場合、５つから８つ程度が適切だと考えます。ハコの数が多いと、社員にステップアップの機会を多く提供できるメリットがありますが、その反面、各等級の違いが説明しにくくなるというデメリットもあります。その結果、社員にキャリアの道筋を示しづらくなり、教育の基準としても使いにくく、また、新規採用時の説明にも支障をきたします。

人事制度は実際に「使えてなんぼ！」ですから、過度に多いハコの数は避けたほうがよいでしょう。なお、職務を軸とする場合は、等級の違いが点数化された職務ランクで決まることが多く、ハコの数にあまりこだわる必要はありません。

等級表づくりのポイント②：等級の名称をどうするのか？

等級の名称には特にルールはありませんので、自由に設定できます。ただし、役職と等級を併用する場合には、役職名と重複しないようにするのが望ましいです。例えば、役職が漢字系（部長・課長など）なら、等級名称をカタカナ系（マネージャー、リーダーなど）にするとよいでしょう。

また、実務的には等級名称を社内の呼称として使わないケースも多く、シンプルに「1級」「2級」といった数字だけの表記を採用する会社もあります。

等級表づくりのポイント③：各等級の定義はどのような文言にするのか？

理想としては、各等級の違いが明確で、新入社員でも理解できるシンプルな文言にすることです。定義が長すぎたり、複雑な言い回し、また「専門性の高い」「非常に専門性の高い」「極めて専門性の高い」などの曖昧な表現は避けたほうがよいでしょう。こうした表現では等級の違いがわかりにくく、使いづらくなってしまうためです。簡潔な表現を心がけ、社員にとってわかりやすい定義を作成することが重要です。

では、事例を示しましょう。

【使いづらい等級の定義】

1等級　業務に関する基礎的な知識・技能を持ち～
2等級　業務に関する一般的な実務知識や技能を持ち～

３等級　業務に関する高度の実務知識や技能を持ち～
４等級　業務に関する非常に高度の専門知識や技能を持ち～

いかがでしょうか？

事例の等級定義だと、等級ごとの違いが明確にわかるでしょうか？

この定義だと運用では使いづらいものになるでしょう。

等級表づくりのポイント④：役職の数を見直す

特に中小企業では、役職の数が多すぎるケースがよく見られます。例えば、同じ課に複数の課長がいたり、社員数が少ないにもかかわらず、本部長、部長、副部長、次長、課長、課長代理、係長、主任、リーダーといった多数の役職が存在することがあります。

役職の違いを明確に説明できないのは、役職が給与調整やモチベーション向上のために形だけで設定されているからです。

まずは、役職者の役割を明確にし、任命時にその役職に何を期待しているのかをしっかり伝えましょう。

例えば、「山田さんを課長に任命したのに、以前の係長時代と全く変わらない」といったことがないように、課長の役割や期待される行動を具体的に伝えることが大切です。

実態のない役職はできるだけ減らし、役割を明確にして、意味のある運用ができるようにしましょう。

使える等級表、使えない等級表

等級制度の重要性については既にお話しした通りですが、特に等級を明示することは、採用、社員の意識向上（定着）、育成において大きな効果を発揮します。しかし、等級表の内容が適切でなければ、その効果は十分に発揮されません。

そこで、「使える等級表」と「使えない等級表」を比較し、それぞれの特徴と実態をまとめました（図表12）。

「使える」等級表は、職務内容やスキルの違いがはっきりしており、業務の変化にも柔軟に対応できるため、社員が自分のキャリアをイメージしやすくなります。また、評価基準や報酬制度としっかり繋がっているため、社員は納得して働くことができ、やる気も高まります。

これにより、組織も社員も共に成長しやすくなります。

一方、「使えない」等級表は、職務やスキルの違いがわかりにくく、曖昧で複雑なため、

【図表12　使える等級表、使えない等級表】

使える等級表、使えない等級表

項目		使える等級表	使えない等級表
各等級定義・基準	特徴	シンプルで分かりやすく、職務内容や求められるスキルの違いが明確である。	曖昧で、職務内容やスキルの違いが不明確。細かすぎて管理が難しい。
	実態	事あることに等級表を見ている。社員が理解しやすく、キャリアをイメージできる。上司(評価者)が部下の育成に活用できている。	そもそも、普段、等級表を見ることがない。社員が理解できず、キャリアをイメージできない。上司(評価者)が部下の育成に活用できていない。
柔軟性	特徴	業務内容の変化に対応できる内容であり、幅広い職種にも対応できるような柔軟性もある。	硬直的な内容で、業務内容やスキルの変化に対応できない。
	実態	事業の変化に応じて更新し、会社の成長や変革に対応できている。	事業の変化に応じて更新が難しく、システム全体を見直す必要まで出てくる。結果、見直すことはなく放置状態。
評価制度とのリンク	特徴	等級表が評価基準や報酬制度とリンクしており、一貫した人事制度として機能している。	等級表と評価基準や報酬制度がリンクしておらず、等級が実務と評価に反映されていない。
	実態	評価、昇給、昇格が等級表に基づいて行われるため、運用がスムーズで整合性があり、社員の納得性も高い状態。	等級があるが、実際の評価や昇給、昇格には直接影響しない、形だけの等級表。社員の納得性も低い状態。

社員が自分のキャリアの進み方を理解しにくいです。また、業務の変化に柔軟に対応できず、評価や報酬制度とも繋がっていないので、社員が努力してもその結果が反映されにくく、不満がたまりやすくなります。このため、社員のやる気が下がり、組織全体の成長を妨げることになります。

皆さんの会社では、「使える」等級表をつくりましょう！

昇降格基準をつくる（ステップアップ基準）

等級はどのような要件で上がり、また下がるのでしょうか。

等級の昇格や降格は、社員の成長や会社の期待に応じて決定されます。

等級の判断は主に評価によって行われますが、それだけではなく、上司の推薦、面接、適性検査などを組み合わせて総合的に判断することが重要です。

特に注目すべきなのは、大きくステージが変わる段階です。例えば、一般職から管理職になるなど、役割や視点が大きく変わる場合には、昇格基準をより慎重に設定する必要があります。

これは、上位の等級に求められるスキル、役割、適性などが十分に備わっているかを確認するためです。

昇格基準を適切に設定する方法

昇格基準を適切に設定するための方法はいくつかあります。次の方法をバランスよく取り入れることで、昇格の納得性と質を高めることができます。

昇格基準設定のポイント①：等級の段階に応じた昇格基準のバランス

等級数や階層に応じて、段階的に昇格の難易度を上げるなど、バランスを意識することが重要です。各等級に求められる役割と責任などに応じて昇格基準を微調整することで、社員の成長をスムーズに支援できるようにします。

昇格基準設定のポイント②：卒業方式と入学方式の使い分け

卒業方式は、現在の段階で必要な要件をすべてクリアすれば次のステップに進める方式です。比較的進みやすく、社員の成長を促しやすいです。

入学方式は、次のステージに進むために特定の条件を満たす必要がある方式です。昇格の難易度はやや高くなりますが、例えば一般職から管理職に昇格するなど、役割が大きく変わる場面で活用するのが効果的です。

卒業方式と入学方式を状況に応じて使い分けることで、柔軟な昇格が可能になります。

昇格基準設定のポイント③：外部の視点の活用

必要に応じて、昇格面接に外部の面接官を加えることで、公平性を高めることができます。社内の視点だけでなく、外部の意見を取り入れることでバランスのよい判断が可能になり、社員の納得感も向上します。

昇格基準設定のポイント④：適性検査の導入

リクルートなどの適性検査を昇格時に導入することで、社員の適性や能力が新しい等級に適しているかを確認できます。人の目だけではわからない適性も測ることができ、より適切な昇格が可能になるでしょう。

降格基準の重要性

昇格だけでなく、降格の基準を設けることも重要です。昇格後もその等級を維持するための基準を設定することで、社員にとって納得感のある制度が実現します。

「上がったらそれで終わり」という考え方を避け、社員が等級にふさわしい成果を出し続けることが求められる仕組みをつくることが、組織の健全な成長に繋がります。

昇降格基準表のサンプルを図表13に示します。

「自社流」等級表の事例

これが等級制度の最後の内容となります。

あくまで参考ですが、ここでは自社流の等級表の事例を図表14に示します。

【図表13　昇降格基準表の例】

昇降格基準表サンプル

階層	等級	昇格	昇格原則	絶対基準	認定基準			面接者	下位等級への降格基準	最終決定
			内容	年間評価（5段階評価）	上司推薦	面接	その他		（年間評価）	
経営層	5級（経営）	管理 ⇒ 経営	4級以上の要件を満たし優秀であるとともに、5級の要件も遂行できると認定される者	直近3年連続S以上	役員	面接	外部面接	社長	直近2年連続B以下	役員会
管理層	4級（管理）	ベテラン ⇒ 管理	3級以上の要件を満たし優秀であるとともに、4級の要件も遂行できると認定される者	直近3年連続S以上	所属長	面接	小論文 適性検査	社長	直近2年連続B以下	
リーダー層	3級（ベテラン）	担当 ⇒ ベテラン	2級以上の要件を満たし優秀であるとともに、3級の要件も遂行できると認定される者	直近3年連続S以上	所属長	面接	小論文 適性検査	役員	直近2年連続B以下	
一般層	2級（担当）	見習い ⇒ 担当	1級以上の要件を満たし、優秀である者	直近4年連続A以上	所属長	面接	小論文	部長	直近2年連続C以下	
	1級（見習い）	新人		直近2年連続 A以上	—	面接	—	部長	—	

（備考）●人事評価は5段階評価（SS、S、A、B、C）とする。
●人事評価の結果によっては降格することもある。

【図表14　等級表（人事フレームワーク）の例】

目線	階層	等級	等級レベル	等級呼称	等級定義	役職
我が社は	経営	7級	経営レベル	EG（エグゼクティブグレード）	・組織の持続的成長につながる事業の将来像を描き、その実現に向けて戦略を策定する。 ・組織全体最適の視点から部門間での課題解決やリソース融通などの相互連携を生み出す。 ・組織の永続的な発展を視野に入れ、経営を担える人材を育成する。	部長、本部長
		6級	組織変革レベル	D（ディレクター）	・事業戦略を実行し、組織の課題解決や組織全体の成果を上げる。 ・社内外の情報収集を行い、新しい事業を創造する。 ・組織の変革を担える人材を育成する。	部長、本部長
私たちは	リーダーシップ	5級	変革推進レベル	SM（シニアマネージャー）	・会社方針に基づき、自ら課題を設定し、所属部署の成果を上げる。 ・周囲を巻き込みながら、前例にとらわれず、積極的に課題解決を行う。	課長、部長
		4級	改善推進レベル	M（マネージャー）	・難易度の高い業務を行うとともに、その改善を推進し、所属部署の実務を先導する。 ・周囲を動かしながら、計画的に業務を完遂する。	主任、課長
私は	成長	3級	自律レベル	SS（シニアスタッフ）	・担当業務に判断・改善を加え、自律的に遂行する。 ・周囲（同僚・後輩など）に、効率的な業務遂行の方法やノウハウを積極的に共有する。	主任
		2級	基本レベル	S2（スタッフ2）	・担当する基本的な業務を、自分一人で主体的に遂行する。 ・受け身ではなく、能動的に周囲に働きかけ、業務を遂行する。	
		1級	新人レベル	S1（スタッフ1）	・基本的な業務を指示、指導を受けながら遂行し習得する。 ・組織の一員であるという自覚を持ち、周囲との関係性を築く。	

自社流で目指しているのは、A4・1枚に収まるシンプルな等級表であり、ひと目で自身のキャリアパスが理解できることです。

管理職がこの等級表を使って部下に「将来こうなって欲しい」と語りかけ、部下が真剣に話を聞きながらうなずく、そんな光景を思い浮かべながら等級表を作成してみてください。

7　ステップ❻：評価制度をつくる（社員に求める成果を示す）

さて、ここからは評価制度についてです。人事制度が上手くいくかどうかは「評価」で決まります。早速、内容に入っていきましょう。

評価の基本的な考え方

評価制度をつくる前に、押さえておくべき基本的な考え方を4点お伝えします。

【人事評価の考え方】

①人事評価は公平性・妥当性よりも「納得性」を重視する

②評価項目・基準は社員本人が理解でき、「わかりやすいもの」にする
③人事評価に完璧なものはなく、「絶対的な基準は存在しない」
④人事評価は「マネジメント能力のある評価者に」任せる

評価制度をつくるポイント①：人事評価は公平・妥当性よりも「納得性」を重視する

よく「評価は公平性や妥当性が重要だ」と言われますが、人が人を評価する以上、私はそれは難しいと考えています。

その理由はなぜか？

人には感情や好き嫌いがあり、主観を１００％排除した評価はできないからです。公平に評価できれば理想的ですが、現実にはそれを実現するのは困難です。実際のところ、評価に対する不満は評価の仕組み自体ではなく、評価者、つまり上司に対するものが多いのが現状です。

例えば、「上司は私の仕事ぶりも見ていないのに評価をする」、「上司は評価のフィードバックをしてくれないので不満だ」、「上司によって評価基準がバラバラで不公平だ」など、評価される側からよく聞かれる声です。

では、人だからこそできることは何でしょうか？

それは「納得性」を高めることです。具体的には、「この人（評価者）に評価されるのなら納得できる」、あるいは「この人に言われるなら、この評価は仕方がない、受け入れられる」という感情を持ってもらうことです。

したがって、評価制度をつくる段階から、社員の納得性を高めるためにはどのような仕掛けがいいかを考えてつくっていきましょう。

評価制度をつくるポイント②：評価項目・基準は社員本人が理解でき、「わかりやすいもの」にする

評価項目や基準は、会社が社員に求める成果を示すものです。したがって、それが社員にしっかりと伝わらなければ意味がありません。社員本人にも理解できる、シンプルでわかりやすいものをつくりましょう。ただし、注意すべき点は、その「わかりやすさ」が、その会社の社員にとってのものであることです。

以前、知的レベルの高い社員が多い会社で評価項目を作成していた際、私が「評価項目のこの表現は難しくないですか？」と社員に尋ねたことがありました。そのとき、社員から「当社ではこれくらいの表現や言葉を使わないと、逆に伝わりません」と言われ、納得

したことがありました。

評価制度をつくるポイント③：人事評価に完璧なものはなく、「絶対的な基準は存在しない」

残念ながら、誰が評価してもまったく同じ結果が得られる仕組みは存在しません。これは、世界的なコンサルティング会社が設計した評価制度でも同じことです。もちろん、評価の精度やレベルを向上させることは可能ですが、１００％正確な評価制度というものは、この世には存在しないのです。

評価制度をつくるポイント④：人事評価は「マネジメント能力のある評価者に」任せる

どれだけ自社に合った評価制度をつくっても、評価者に問題があればその制度は機能しません。中小企業でよく見られるのが、プレイヤーとして優秀な社員をそのままマネジメント層に昇格させるケースです。しかし、プレイヤーとして優秀だからといって、必ずしもマネジメントができるわけではありません。

これを放置すると、評価に納得できない社員（部下）のモチベーションが下がり、人材の育成が滞り、最悪の場合は離職に繋がることがあります。評価をすることとマネジメント能力は切り離せないものであることを、しっかりと認識しておきましょう。

評価制度づくり４つの視点

評価制度をつくっていくにあたって、図表15の４つの視点から検討していきます。

視点1　「何を」評価するのか？（評価項目）

これは非常に重要なポイントです。自社における成果とは何か、成果に繋がる行動やスキルは何かを明確にすることが求められます。これらをしっかりと定義し、評価表の評価項目に落とし込みます。

その結果、社員は評価項目に基づいて行動し、最終的に成果が生まれるという、シンプルな流れをつくり出すことが大切です。

したがって、インターネットで見つけた評価表や、大手企業の模倣、親会社の評価表をそのまま使っても意味はありません。他社における成果と自社における成果は異なりますし、成果に繋がるプロセスも異なるはずです。自社に最も合った評価項目を設定することが必要です。

自社における成果、成果に繋がる行動等はどうすれば明確にできるのか？

自社における成果や成果に繋がる行動を明確にするためには、次の５つのステップに分けて取り組みます。架空の会社（○×株式会社 営業部）の事例を見ながら一緒に考えていきましょう。

【図表15　評価制度づくり４つの視点】

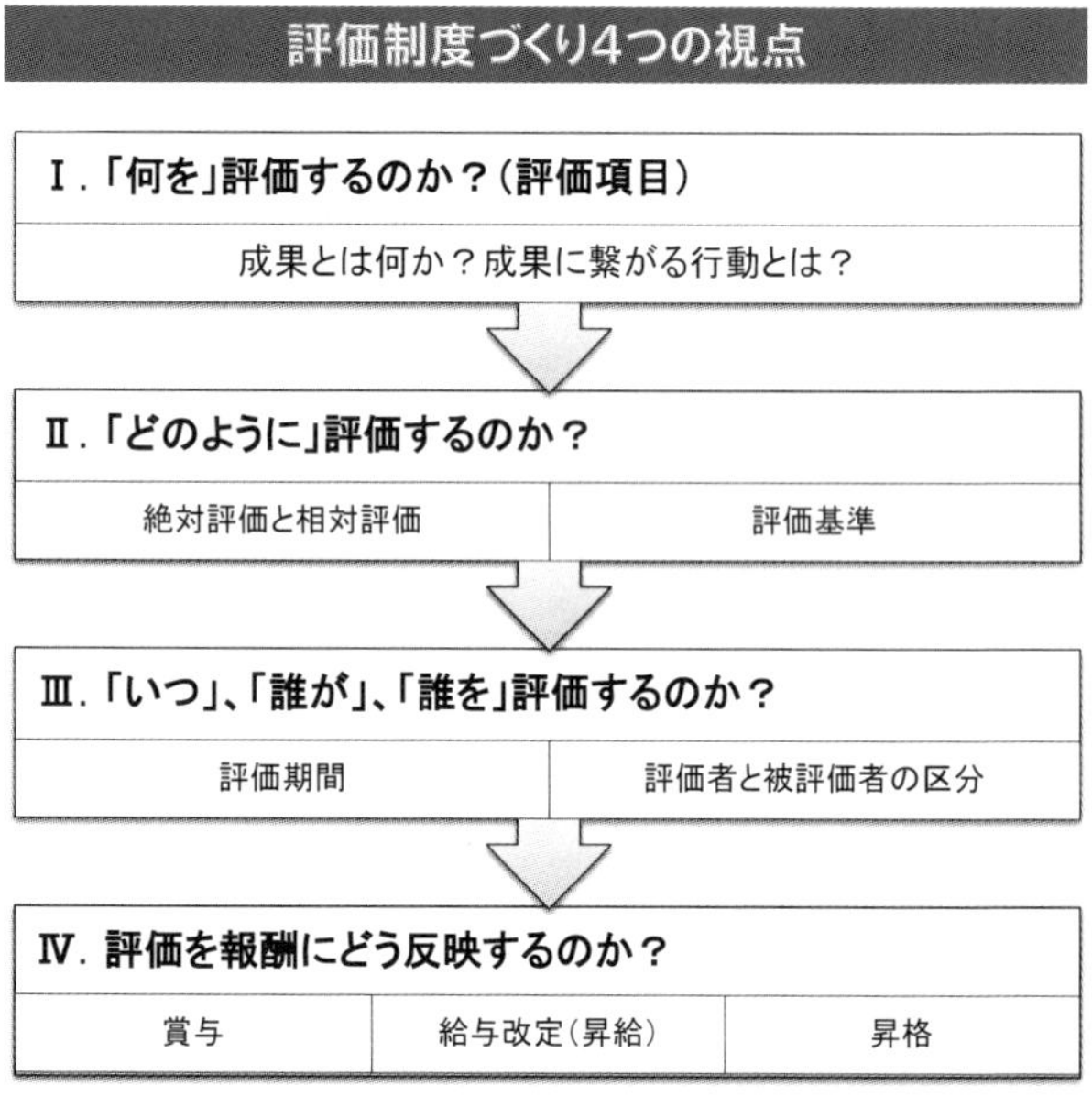
評価制度づくり4つの視点
Ⅰ.「何を」評価するのか？（評価項目）
成果とは何か？成果に繋がる行動とは？
Ⅱ.「どのように」評価するのか？
絶対評価と相対評価
評価基準
Ⅲ.「いつ」、「誰が」、「誰を」評価するのか？
評価期間
評価者と被評価者の区分
Ⅳ. 評価を報酬にどう反映するのか？
賞与
給与改定（昇給）
昇格

①会社の方向性を確認する（ビジョン、ミッション、事業戦略など）
②自社における成果を明確にする
③成果に繋がる行動、スキルなどを明確にする
④明確にした成果と行動を評価項目に取り入れる
⑤継続的な見直しと改善を続ける

①会社の方向性を確認する（ビジョン、ミッション、事業戦略など）

まず、会社のビジョン（将来の理想像）、ミッション（会社の存在意義）、および戦略（ビジョンやミッションを達成するための計画）を明確にします。これにより、会社が目指す成果や方向性が見えてきます。

「当社にはそのようなものはない！」という会社は、まず社内で役員や管理職とディスカッションを行い、会社のビジョンや、厳しい時代の中でも生き残っていくための戦略を決めてください。まずはそこからです。

【〇×株式会社（架空の会社）】

・ビジョン　「顧客満足度ＮＯ．１の超提案型専門商社になる」

・ミッション「○○の専門商社として、お客様のニーズに応じた最適な提案を提供し、お客様の持続的な成長を徹底的に支援する」
・事業戦略「既存顧客の深耕と新規顧客の獲得を強化し、売上とリピート率の向上を目指す」

②自社における成果を明確にする

成果には、数値化できるもの（売上、利益、コスト削減など）や、定性的なもの（顧客満足度、ブランド価値の向上など）があります。まず、会社の主な業績指標や業務の成功要因を洗い出すことが必要です。

【営業部の事例】

・売上アップ／四半期ごとの売上目標達成（例：前年同期比20％増）
・顧客満足度／顧客アンケートの満足度スコア80％以上
・新規顧客獲得／四半期ごとの新規顧客数（例：10社以上）
・リピート率／既存顧客の再購入率（例：70％以上）

③結果に繋がる行動、スキルなどを明確にする

成果に繋がる行動やスキルは社内に存在します。成果を出している優秀な社員の行動を徹底的に観察し、分析することが重要です。

これを行うのは外部のコンサルタントではなく、各部門をマネジメントする管理職の役割です。

ただし、管理職が対応できない場合は、社長が部門ごとの成果を一覧表にまとめなければならないでしょう。

【行動とスキルの事例】

- 顧客訪問の頻度／　既存顧客に事前アポの上、月に最低2回訪問し、関係を深める。
- 提案内容の質　／　顧客の課題に応じたカスタマイズ提案を行い、受注率を上げる。
- 迅速なフォローアップ／見込客へのフォローアップを提案後24時間以内に行い、成約率を上げる。
- 市場調査と情報共有／市場動向のリサーチを月次で行い、チーム内で共有することで全体の営業戦略を強化する。

④明確にした成果と行動を評価項目に取り入れる

明確にした成果や行動が会社の事業戦略と一致しているかを確認した上で、評価項目に取り入れます。取り入れる前には、役員や管理職クラスが内容をしっかりと確認し、進めるようにしましょう。

【評価項目の例】

・評価項目❶／【売上目標達成】
（評価基準）
期待を大幅に上回る　目標の120％以上
期待を上回る　105％以上
期待通り　100％達成
期待を下回る　90％から99％達成
期待を大幅に下回る　89％未満

・評価項目❷／【顧客満足度】
（評価基準）
期待を大幅に上回る　90％以上
期待を上回る　85％以上

期待通り　80％以上
期待を下回る　70％未満
・評価項目❸／【新規顧客獲得数】　以下省略

⑤継続的な見直しと改善を続ける

ビジネス環境や組織は、事業戦略と共に変化していくものです。評価項目もそれに合わせて柔軟に見直しを行いましょう。

これにより、評価制度が常に現状にマッチしたものとなり、継続的に成果を上げていくことも可能となります。

「評価要素」の考え方

評価要素には様々な考え方がありますが、本書ではできるだけわかりやすく、シンプルに3つの視点でお伝えします。この3つの視点を基にして、自社の評価制度に合った項目を考えてみてください。

A．成果評価―仕事の結果

成果評価は、社員が達成した具体的な結果や業績を評価するものです。例えば、売上目標の達成、コスト削減、プロジェクトの成功などが該当します。これは、企業の業績に直接影響する部分であり、社員のパフォーマンスを目に見える形で測定するために重要です。

しかし、結果だけを評価すると、短期的な目標達成に偏りがちで、長期的な成長や持続可能な成果には繋がりにくいことがあります。

B．（成果に繋がる）プロセス評価―仕事の結果に繋がるための行動など

プロセス評価は、成果を達成するための過程や取り組み方を評価するものです。社員がどのように目標に向けて努力しているか、どのような方法で問題を解決しようとしているか、顧客との関係をどう築いているかなど、結果を生むための行動を評価します。

これにより、短期的な成果だけでなく、長期的な成長や改善のプロセスを支える行動が評価され、社員が持続的に成果を出せるようになります。

C．（仕事をする上での）姿勢評価―協調性など仕事をする上で会社が求める基本姿勢

姿勢評価は、社員が仕事に取り組む際の態度や姿勢、行動様式を評価するものです。協調性、責任感、積極性、規律を守る姿勢など、会社が求める基本的な態度が含まれます。

姿勢評価は、組織の文化や風土を反映し、社員が会社の価値観に沿った行動を取っている

かどうかを確認するためのものです。

よい姿勢があれば、チームワークやモチベーションが向上し、個人だけでなく組織全体のパフォーマンス向上にも繋がります。これらの評価要素・評価項目を自社の成果とは何かを考えながら、バランスよく組み合わせることを検討します。

では、洗い出したこれまでの情報を基に、○×株式会社（営業部）の評価表をつくると、図表16のようになります。

「評価項目」をつくる際のポイント

では、評価項目をつくる際のポイントを説明します。

①評価項目の数は最小限に抑える

成果を出すためには、選択と集中が重要です。評価項目が多すぎると、評価の焦点がぼやけ、効果が薄れる可能性があります。またそれ以上に成果が出ないことも考えられます。

②評価項目の内容のバランスを考える

成果評価の比重が高すぎると、組織文化や風土の形成が難しくなり、育成面が疎かになるリスクがあります。組織としてのバランスを保つために、規律の遵守やチームワークなど、組織にとって必要な行動も評価項目に含めることも検討が必要です。

【図表16　成果から評価項目に展開した事例】

「〇×株式会社　営業部　評価表」

評価要素	評価項目	評価基準	到達指標(A)
成　果	売上目標達成	四半期ごとの売上目標達成	前年同期比20%増
	顧客満足度	顧客アンケートの満足度スコア	80%以上
	新規顧客獲得数	四半期ごとの新規顧客数	10社以上
	リピート率	既存顧客の再購入率	70%以上
成果に繋がるプロセス	顧客訪問の頻度	既存顧客に事前アポの上、月に最低2回訪問したか。	
	提案内容の質	顧客の課題に応じたカスタマイズ提案を行い、受注率を上げたか。	
	迅速なフォローアップ	見込み客へのフォローアップを提案後24時間以内に行い、成約率を上げたか。	
	市場調査と情報共有	市場動向のリサーチを月次で行い、チーム内で共有することで全体の営業戦略を強化したか。	
仕事をする上での姿勢	規律を守る	社内ルール・規律を遵守した行動が出来ていたか。	
	チームワーク	自分勝手な行動、単独行動はせず、チームプレーを推進していたか。	
	報連相	上司が求める頻度、方法で、自発的に報連相を行ったか。	
	…	…	

ただし、これらの要素を考慮した上で、あえて成果評価の比重を高めることは自社流でＯＫです。

③評価項目や基準の文言は社員が理解できる内容にする

文章が長すぎたり、内容があまりにも曖昧だったりすると、何を評価しているのかがわかりにくくなります。逆に短すぎて内容が伝わらない場合もあります。具体的な行動を示す文言にし、社員と評価者が振り返りやすい内容にすることが重要です。

・短くて評価しづらい文言例

「チームワークがとれていたか？」

↓チームワークという言葉は抽象的であり、人によって受け取り方が異なるため、具体的な評価が難しくなります。

・長すぎて評価しづらい文言例

「チームメンバーの業務を理解し、必要に応じて他のメンバーを支援し、かつ、適切なコミュニケーションを取り、チーム全体のパフォーマンス向上に貢献していたか？」

↓評価する際にどこに焦点を当てればよいのかが不明確であり、評価が困難になります。

・適度で評価しやすい文言例

「他のメンバーが業務上の課題に直面した際に、自分の業務範囲を超えても積極的にサポートを申し出ていたか？」

↓行動を1つに絞ることで、評価がしやすくなります。この場合、評価の焦点はサポートを申し出る行動にあります。

④その他の考慮点

・評価のウエイト（重要度）を検討すること
・等級（格付け）やランクに応じた評価表を作成すること
・必要に応じて、職種ごとに評価表を作成すること

これらのポイントを意識しながら、自社流の評価項目をつくってみてください。

会社のVALUE（行動指針など）から評価項目に展開する

仕事をする上での姿勢の評価要素には、自社の経営理念やVALUE（行動指針など）を反映させた評価項目を設定することが自社流のアプローチとしておすすめです。

その内容は、社長が日常的に口癖のように話している言葉などで構いません。

実際の他社事例として、数年前におつくりしたものをご紹介します。図表17の事例は大阪市内の会社で、個性的で魅力的な社長が率いていました。

評価文言に「アホになれたか？」といったフレーズが含まれており、初めて見る方は驚

くかもしれません。

しかし、これでよいのです。飾った言葉や形式的な表現ではなく、普段から使っている言葉のほうが社員には伝わりやすいからです。これもまた、自社流ならではの評価方法です。

視点２「どのように」評価するのか？

評価の方法として、「絶対評価」と「相対評価」という考え方があります。これらを簡単に説明します。

人を育てたいのなら「絶対評価」を選ぶ

・「絶対評価」

絶対評価は、あらかじめ決められた基準や目標に対して、個人がどれだけ達成できたかを評価する方法です。

この評価方法では、他の人と比べるのではなく、個人が設定された基準にどのくらい近づけたか、もしくは達成できたかに焦点を当てます。

【図表17　行動指針を評価項目へ展開する（他社事例）】

ユーモアを忘れるな	ピンチな時（業務多忙や大変な時など）ほど、ポジティブ思考でワクワク明るく前向きで、建設的に取り組んだか
	現状に満足し、同じことを繰り返すのではなく、新しい考えや工夫を取り入れ、業務改善の提案や実践をおこなったか
	アホになれたか？（他者を否定せず、相手の意見や考え・アドバイスなどを素直に受け入れたか）
	自分らしさを出せたか？（与えられた裁量の中で、自分の考えで主体的に仕事ができたか）

・「相対評価」

相対評価は、他の人と比較して、その人がどの位置にいるかを評価する方法です。この評価方法では、個人の成果やパフォーマンスを他の社員と比べて順位付けします。

第2章（2）「これからの時代の人事制度」の中で、人事制度の目的は「査定」と「育成」であるとお話ししました。もし「査定」に重きを置きたい会社であれば、「相対評価」でも問題ありません。

実際のところ、「相対評価」のほうが会社にとっては圧倒的に楽です。なぜなら、人を比較して順位づけするだけでよく、会社が独自の基準をつくる必要がないからです。

一方で、人事制度を通じて人を育てたいのであれば、「絶対評価」が適しています。なぜなら、一定の基準があることで、自分とその基準とのギャップが明確になり、その差を埋めるために何をすればよいのかを考え、行動することができるからです。これが育成に繋がります。ただし、その基準をつくるには手間がかかります。

しかし、ここで諦めてしまうと人を育てることは困難になりますので、継続的に取り組んでいきましょう。

次に、「評価項目」ができると、その項目に対してどのような数字や状態であればよいのかを示す基準が必要となります。それが「評価基準」です。

「評価項目」と「評価基準」は、言葉として似ていますが、それぞれ役割が異なります。簡単に整理すると、「評価項目」は「何を」評価するのかを示し、「評価基準」は「どのように」評価するのかを示します。

この２つが揃うことで、評価がより明確に行えるようになります。

「評価基準」設定の考え方

「評価基準」は、評価項目ごとに設定することもできますが、すべての評価項目に対して統一的に設定することも多くあります。

例えば、「成果」の評価項目においては、項目ごとに基準を設定しないと評価が難しくなるため、目標管理制度などでは個別の基準が必要です。

一方で、「成果に繋がるプロセス」や「仕事をする上での姿勢」などの項目は、統一的な評価基準を設けることで、評価に一定の柔軟性が生まれ、運用しやすくなります。

ここでは、統一的な評価基準について説明します。図表18の事例をご覧ください。

皆さんがしっくりくるのはどれでしょうか？

普段あまり意識されないことが多いかもしれませんが、評価基準は社員のモチベーションに大きな影響を与える重要な要素ですので、しっかりと理解しておきましょう。

【図表18　統一的な評価基準事例】

【5段階評価】

評語		評価基準
SS	5	周りの模範となるほどできていた(常に目立っていた)
S	4	期待水準を少し上回った(常によくできていた)
A	3	期待通り、概ねできていた
B	2	期待水準を少し下回った(できたりできなかったりとムラがあった)
C	1	できなかった(注意指導しても任せることができない)

【4段階評価】

評語		評価基準
S	4	基準値(目標)を大幅に上回る成果を達成し、期待を超えるパフォーマンスを発揮した
A	3	基準値(目標)や期待に応え、安定したパフォーマンスを維持した
B	2	基準値(目標)や期待に対して部分的に達成したが、いくつかの領域で改善が必要であった
C	1	基準値(目標)や期待に大きく届かず、業務遂行において複数の問題が認められ、改善が必要であった

【3段階評価】

評語		評価基準
A	3	周りの模範となる行動をしており、常に目立っていた
B	2	概ねできており、期待した要求する水準であった
C	1	できていないこともあり、注意や指導が必要であった

【2段階評価】

評語		評価基準
○	1	期待通り、できていた
×	0	期待未満であり、できていなかった

「評価基準」をつくる際のポイント

では、評価基準をつくる際のポイントを説明していきます。

評価基準をつくるポイント①：「評価段階の数」は多すぎず、少なすぎず

一般的には3～5段階が適していることが多いです。ただし、「4段階」には注意が必要です。日本人は「真ん中」の評価がないと安心できない傾向があり、結果として評価が高くなりがちです。

つまり、「2」を付けづらく、「3」を選びがちになるということです。自社の風土を考慮して段階数を選びましょう。

評価基準をつくるポイント②：「評価段階の表現」は、ポジティブなものを

例えば、「普通」、「不十分」、「悪い」、「最低レベル」、「不合格」などの表現は避けたほうがよいでしょう。

「えっ？　普通もダメなの？」と思われるかもしれませんが、仮に1年間頑張った結果が「普通だね、よく頑張った！」と言われても、あまり嬉しくないですよね。

「期待通り、よく頑張った！」と言われたほうが、評価を受ける側も前向きな気持ちになるのではないでしょうか。

評価基準をつくるポイント③：評価者がフィードバックしやすい基準にする

評価の結果を伝えるだけでなく、その理由や次に向けての改善点を伝えやすい言葉を選びましょう。

評価は社員の成長のためのフィードバックの一環と考え、具体的な改善点や次の目標設定ができるような基準を設けることが大切です。

視点3 「いつ」「誰が」「誰を」評価するのか？

評価を始める前に、これらを明確にしておきましょう。

「いつ」が、不明瞭な会社が驚くほど多い

「いつ」とは、評価対象期間のことを指します。つまり、いつからいつまでの期間を評価するのかということです。多くの会社では、決算年度と評価対象期間をリンクさせています。

その理由は、会社の年度目標と個人の評価をリンクさせたほうが、評価がしやすくなるからです。

また、賞与を支給している会社が多いことから、賞与支給月や給与改定月（昇給）の時期とも合わせて評価期間を設定する必要があります（図表19）。

【図表19　評価対象期間と賞与、給与改定時期の例】

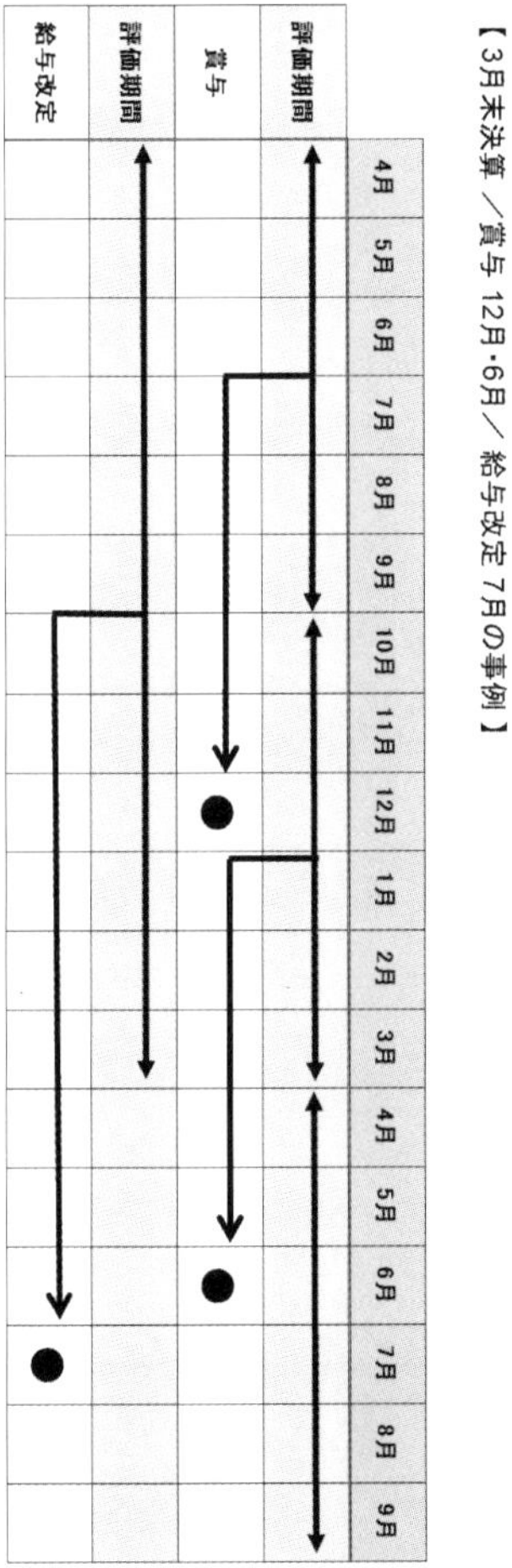

ある程度の規模の会社でも、評価対象期間を曖昧に運用しているケースがあり、驚くことがあります。その理由の1つに、決算月の問題が挙げられます。図表19のように、3月決算の会社では、賞与支給月との相性がよく、評価期間終了後から賞与支給月まで一定の間隔が確保されています。

しかし、12月決算の会社の場合、12月に賞与を支給しようとすると、評価期間終了から賞与支給月までの間隔が短くなり、運用面での調整が難しくなります。

そのため、過去にはこうした理由から決算月を変更した会社もありました。

決算期を変更することは会社にとって大きな決断ですが、「人事制度を使って人を育てる」という経営陣の強い意志のもとで変更が行われました。こうした取り組みをする会社は、私は大好きです。

「誰が」「誰を」評価するのか?

評価する側と評価される側の関係性を表にして明確にしておきましょう（図表20）。会社によっては、評価者と被評価者の名前を明記し、オープンにしているところもあります。

基本的には、直属の上司が部下を評価するのが原則です。しかし、上位層になると、例外的に部下が上司を評価する仕組みを導入している会社もあります。このあたりは、各社

【図表20　評価者と被評価者】

		評価者		
		1次評価者	2次評価者	最終評価者
被評価者	本部長	社長	ー	経営会議
	部　長	本部長	社長	
	課　長	部　長	本部長	
	主　任	課　長	部　長	
	一般社員			

の方針や考え方に基づいて決められます。

視点４　評価を報酬にどう反映するのか？

評価制度で評価した結果を報酬の「何に」反映させますか？

一般的には、賞与や給与改定（昇給）、昇格に反映させることが多いです。場合によっては退職金にも反映させることがあります。

大きくは、次の２つの考え方があります。

（A）成果評価を賞与に反映し、プロセス評価や姿勢評価は給与改定や昇格に反映する方法

（B）成果評価、プロセス評価、姿勢評価を総合的に評価し、その結果を賞与、給与改定、昇格に反映させる方法

どちらが正しいということはなく、これは業界や会社の考え方によって変わります。

以前は、成果評価を年2回（半期単位）、能力評価を年1回の計3回評価している会社が多く見られましたが、最近では年2回の評価で、（B）の総合的評価の考え方を採用している会社のほうが多い印象です。

業界によっても変わってきます。変化が激しいIT企業やスタートアップ企業などでは、短期的な成果や適応力が重視されるため、四半期ごと（3か月ごと）に評価を行うことが一般的です。

逆に、製造業や官公庁など、変化が比較的緩やかな業種では、半年から1年ごとに評価を行うことが一般的です。

なお、評価を報酬に結びつけないという会社もあります。そのような場合、評価は人材育成のツールや役職任命の見極めとして使用されます。

また、ノーレーティングといって、従来の評価システムを用いずに、上司（管理職）が自身の判断で部下の報酬を決定する方法もあります。

この場合も、際限なく上司が報酬を決められるわけではなく、一定の範囲を会社が定め、その中で上司が報酬を決定します。

これは先進的なアプローチですが、明確な基準がないことも多く、結果、上司に依存することから実際の運用は簡単ではないでしょう。

8　ステップ❼：報酬制度をつくる（社員の成果の報い方を示す）

報酬制度とは

報酬制度とは、社員が会社に貢献した成果に対して、どのように報いるかを決めたルールのことです。会社は社員の貢献度に応じて、報酬を支払うことで、やる気を引き出し、さらによい仕事をしてもらうことを目指します。

報酬制度は、社員のモチベーションを高めたり、会社への満足度を上げたりする重要な仕組みです。

報酬制度は、大きく分けて月例賃金（月給）、賞与、退職金の３つがあります。月例賃金は、社員が毎月もらう基本的な給与で、生活費や日常の支出に使われます。賞与は、会社の業績や社員の働きに応じて支給されるお金で、ボーナスのようなものです。退職金は、その多くが長く会社で働いたことへの感謝として、退職時に支給されるお金です。

本書では、月例賃金と賞与について、詳しく解説していきます。

報酬制度をつくるときには、社員にとって公平でわかりやすく、納得できるものにすることが大切です。また、報酬の決め方が曖昧だったり不適切だったりすると、社員の不満が生まれたり、法律に違反するリスクもあります。

そのため、報酬制度を設計する際には、労務に関する法律やルールをしっかり理解し、弁護士や社会保険労務士などの専門家のアドバイスを受けながら、慎重に進める必要があります。

報酬制度は単なる報酬の仕組みではなく、社員のやる気を引き出し、会社の目標達成をサポートするための大切なツールです。社員の貢献度を適切に評価し、報いることで、会社全体の成長を促進する力を持っています。

自社の報酬制度の問題点は何か?

制度の具体的な内容を見直す前に、まずは自社の報酬制度にどのような問題点があるのかを考えてみましょう。

例えば、月例賃金が年功序列型で、社員がどれだけ成果を出しても報酬に全く差が出ない場合や、賞与が社員の貢献度に基づいて支給されず、過去の支給額に少しずつ上乗せする形で支払われている場合が挙げられます。

これらの方法が必ずしも間違っているわけではありません。しかし、もしもこのような報酬の支給方法が、会社の意図とは異なる形で運用されているのであれば、それは問題と言えます。報酬制度が社員のモチベーションを高め、会社の成長に貢献するものでなければ、その効果は十分に発揮されません。

まずは、自社の報酬制度がどのように機能しているのか、そしてそれが会社の方針や目的と一致しているのかを考えてみてください。

自社の報酬制度を見直すことによって、改善の余地がある部分を明確にし、より効果的な制度へと繋げることが重要です。

どのような報酬制度にしたいのか？

次に、どのような報酬制度を目指したいかを考えてみましょう。

例えば、「当社の報酬制度は、社員の入社時に漠然と決めた月例賃金に対し、何となく昇給して基本給が増えていく仕組みだが、これを社員の貢献度に応じた報酬制度に改めたい」、また、「年齢に基づく年齢給は廃止したいが、勤続年数に基づく勤続給は維持したい」と考えるかもしれません。

さらに、「社長の感覚だけで昇給や賞与が決定されるのではなく、社員にとって納得感のある、透明性の高い仕組みをつくりたい」という方向性も考えられます。

何に対してお金を支払うのか？（3P理論）

会社は社員の何に対してお金を支払うのでしょうか？　多くの会社では、この点を深く考えずに感覚的に報酬を決めてしまっているのが現状です。

ここで、「3P理論」という考え方があります。この理論は、会社が社員の報酬を決める際に使う手法の1つであり、「3つのP」を考えることで、会社が何に対して社員にお金を支払うのかを整理することができます。

その3つのPとは、Person（パーソン）、Position（ポジション）、そしてPerformance（パフォーマンス）です。

①Person（パーソン）

社員個人に関する要素に対してお金を支払います。具体的には、年齢、能力、スキル、家族手当や住宅手当などが該当します。

これらは個人の属性や特性に基づく報酬です。

②Position（ポジション）

会社での役割、仕事内容、責任の大きさに対してお金を支払います。

これには、役職手当、職務給、役割給などが含まれ、社員が担うポジションや責任の度合いに応じた報酬です。

③Performance（パフォーマンス）

社員が達成した成果や業績に対してお金を支払います。

賞与やインセンティブがこれに該当し、目に見える成果を評価して支払われる報酬です。

これら3つの要素は、どれかに偏らせる必要はなく、3つのバランスを考え決めても構いません。

例えば、「基本給は生活給の考え方を大切にしつつ、かつ、役職を担う社員には相応の報酬を支うようにしたい」場合、

基本給【70％：Person（パーソン）】
役職手当【30％：Position（ポジション）】

といった形にすることが考えられます。

また、「賞与について、成果に応じて支払うことをベースとするが、一定の生活給要素を含めたい」場合、

賞与【80％成果変動部分：20％一律固定部分】

とすることも可能です。

これらの報酬の割合や構成は等級に応じて変化をつけることで、より柔軟に対応できるようになります。

貢献度に見合った月給（基本給等）の考え方

社員の貢献度に見合った月給の考え方について説明します（図表21）。

※この考え方は、社会保険労務士法人名南経営の大津章敬先生に教えていただいたものです。

図表21は、社員の貢献度に見合った理想的な月給の考え方を示しています。貢献度の基準（能力、職務、役割、年齢、勤続など）は会社が自由に決められるもので、特定の基準に縛られる必要はありません。

縦軸は「月給」を表し、上に行くほど金額が高くなります。

横軸は「貢献度」を表し、右に行くほど貢献度が高まります。

右斜め45度の線は、貢献度が上がると月給も増える理想的な関係を示しています。この線に沿って月給を設定すれば、社員の貢献度に見合った適切な月給が支払われることになります。

この理想的な右斜め45度の線に沿って、各等級（見習い、スタッフ、リーダー、マネージャー）の「ハコ」を配置していきます。これにより、社員の貢献度が上がる（昇格する）ごとに、報酬も増加していく仕組みになります。

各等級の「ハコ」には、一定の月給の幅（範囲給）が設定されています。例えば、1等級の月給は18万円から22万円の範囲に収まります。

【図表21　社員の貢献度に見合った基本給等の考え方】

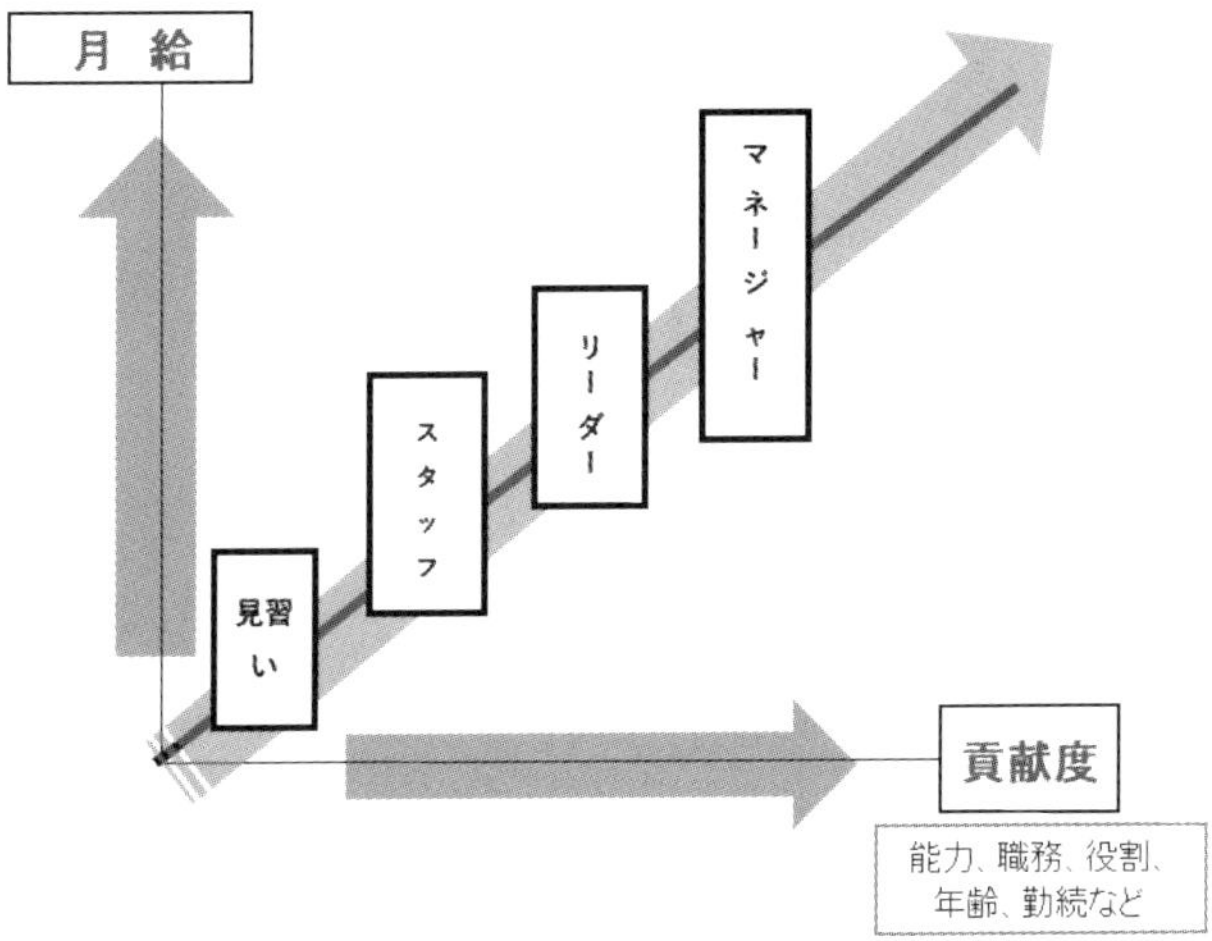

等級	等級名称	月給（範囲給）	
4等級	マネージャー	280,000円	400,000円
3等級	リーダー	240,000円	300,000円
2等級	スタッフ	210,000円	260,000円
1等級	見習い	180,000円	220,000円

このように幅を持たせることで、同じ等級内でも貢献度やスキルの違いに応じて月給を柔軟に調整できます。

もし、この幅（範囲給）がない場合、同じ等級であれば月給はすべて同じ（例えば、1等級は18万円固定、2等級は21万円固定）になってしまい、社員の個々の貢献度やスキルアップに対応するのが難しくなります。（図表22・23）①単一型にあたります。

範囲給を設定することで、同じ等級内でも昇給が可能になります。つまり、等級自体は変わらなくても、社員の貢献度が向上したり、スキルアップしたりすることで、月給を上げられる仕組みです。この仕組みは、社員の日々の取り組みや成長を適切に評価し、報酬に反映させるために有効であり、人材の定着にもよい影響を与えます。簡単に言えば、「昇格しない限り、給与は上がらないよ」というやり方は、会社としても運用しづらいでしょう。ただ、上位等級者にはあえてそういった運用する会社もあります。

給与レンジの設計タイプ4つの考え方

では、月給の範囲給を検討する際の「給与レンジの設計タイプ」について、図表22の4つのパターンに分けて説明します。それぞれのタイプには異なる特徴があり、メリット・デメリットがあり、詳しくは図表22・23をご覧ください。

【図表22　給与レンジの設計タイプのメリット・デメリット】

① **単一型**	メリット	シンプルでわかりやすく、同じ等級の社員間で不公平感が少ない。
	デメリット	等級が上がらない限り、月給が変わらないため、昇給の柔軟性が欠ける。
② **接続型**	メリット	シームレスに昇格でき、同じ等級内でも少しずつ月給が上がる
	デメリット	昇格時のインパクトが少ないため、昇格の実感が薄い場合がある。
③ **開差型**	メリット	昇格時に大きく月給が上がるため、昇格の実感が得やすい。
	デメリット	同じ等級内での月給の上げ幅が小さくなることがある。
④ **重複型**	メリット	昇格時に柔軟に対応でき、中途採用が多い場合にも適している。
	デメリット	下位等級の高給者が上位等級の低給者より給与が高くなる（＝逆転現象）可能性がある。

【図表23　給与レンジの設計タイプ（図入り）】

名称	① 単一型	② 接続型	③ 開差型	④ 重複型
図			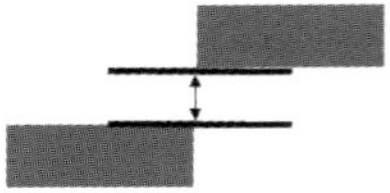	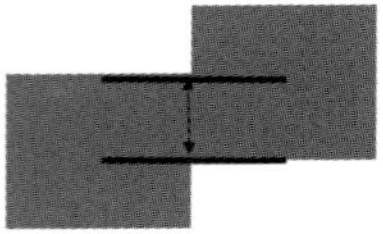
内容	等級ごとに幅がなく、単一。	等級ごとに幅があり、上の等級と接している。	等級ごとに幅があり、上の等級と離れている。	等級ごとに幅があり、上の等級と大きく接している。
メリット	分かりやすい。同じ等級者での不公平感が少ない。	シームレスで、違和感なく昇格する。同じ同級内でも一定月給が上がる。	昇格時に大きく月給が上がるため、昇格実感が得やすい。	昇格時に柔軟に対応できる。中途採用が多い場合、扱いやすい。
デメリット	等級が上がらない限り、月給が上がらない。	昇格時のメリットが少ない。	同じ等級内での月給の上げ幅が小さい。	下位等級と上位等級で月給の逆転現象が起こる可能性がある。

このように、それぞれのタイプには特徴があるため、会社の目指す方向性や状況に応じて使い分けることが重要です。例えば、成果主義的な会社には開差型が適しているでしょうし、中途採用が多く、柔軟な給与調整が必要な会社では、重複型を採用すると運用しやすくなります。

意味のない諸手当は廃止または見直す

多くの会社で、「この手当って本当に必要なの？」と思ってしまう手当が存在します。

例えば、ほとんどの社員が欠勤しない会社での皆勤手当、業務で活用されていない資格手当、目的が不明確な特別手当や調整手当、実質的な役割が伴わない役職手当などです。

会社が手当を安易に増やす理由の１つに、賞与や退職金に影響があるため、基本給を上げずに手当で補おうとする場合があります。

そのような会社では、賞与や退職金が基本給に連動しない制度設計にすることが望ましいでしょう。

特に問題だと思うのが役職手当です（等級表づくりでも触れましたが）。

ある日、クライアント先に、係長から課長に昇進した社員（丸田さん：仮名）がおられたので、私から声をかけました。

私：「丸田さん、課長への昇進おめでとうございます。これから益々期待が大きくなりますね。ちなみに課長になられて、何か変化はありましたか？」
丸田：「ありがとうございます！　頑張ります。変化ですか？　役割や仕事内容は特に変わっていませんが、役職手当が増えました！」

果たして、これでよいのでしょうか？　会社は当然、課長に期待することが多くあるはずですが、丸田さんは課長になっても係長時代とほとんど変わらない状況（役職名だけが変わり、役割や責任が変わっていない状況）にあるようです。

もしこれが会社として問題であるなら、会社は課長に求める役割や責任を明確にし、丸田さんに対しても課長としての期待をしっかり伝えた上で昇進させるべきです。

役職手当は、給与を上げるための道具やモチベーションを高めるだけの目的で安易に役職を与えるべきではありません。

諸手当を見直すタイミングについてですが、私の経験上、手当「だけ」を廃止したり見直したりするのは非常に難易度が高いです。そのため、人事制度を新たに導入するタイミングや、制度を大幅に見直すタイミングで実施するほうがスムーズに進めやすいことが多いです。

給与改定（定期昇給）の具体的手法

給与改定（定期昇給）は、多くの会社が頭を悩ませる課題です。社員のモチベーションを維持し、貢献度に見合った適正な報酬を提供するために、効果的な昇給の仕組みを導入することが重要です。

【給与改定の手法】

ここでは、次の具体的な給与改定方法をご紹介します。

①総合勘案方式
②等級号俸表方式（図表24）
③昇給額管理方式（図表25）
④ポイント方式（図表26）
⑤洗い替え方式（図表27）

給与改定手法①：総合勘案方式

総合勘案方式は、社員の能力、貢献度、勤務態度、業績など、さまざまな要素を総合的に見て昇給額を決める方法です。

このように格好のよい説明をしましたが、要は社長の鉛筆ナメナメです。

給与改定手法②：等級号俸表方式（図表24）

社員の等級と号俸（号数）に基づいて給与を決定する方式です。この方式は、公務員や大企業でよく用いられ、社員の職位や経験年数、業績などに応じて給与を段階的に設定するシステムです。

具体的には、等級は社員の能力や職務、役割などのレベルを示し、号俸はその等級内での給与の細かな段階を示します。評価段階に応じて号俸が変動します。

給与改定手法③：昇給額管理方式（図表25）

昇給額管理方式は、各社員の等級と評価に応じて昇給額を決定し、管理します。中小企業で取り入れられていることが多い方式です。

給与改定手法④：：ポイント方式（図表26）

ポイント方式は、社員の貢献度や業績、能力などをポイント化し、その合計ポイントに応じて昇給額を決定する方法です。

【図表24　等級号棒表方式】

例）段階号俸表

資格等級「3級」 基本給範囲　25万円（下限）〜30万円（上限）

資格等級	3級	号俸ピッチ
号俸	基本給	800
1	**250,000**	
2	250,800	
3	251,600	
4	**252,400**	
5	253,200	
6	**254,000**	
7	254,800	
8	255,600	
⋮	⋮	

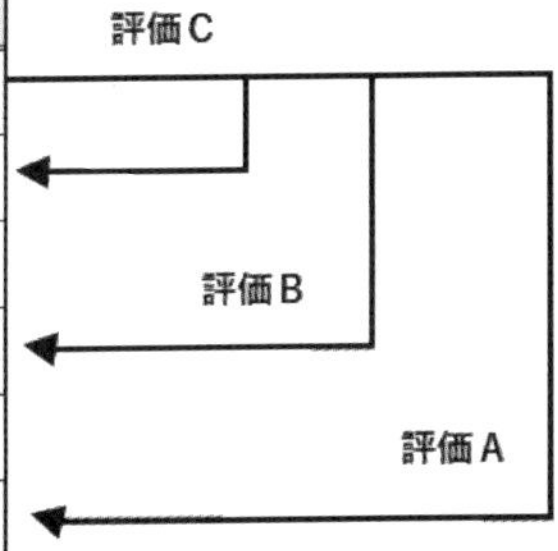

【図表25　昇給額管理方式】

評価／等級	1級	2級	3級	4級	5級
S	3,000	4,500	6,000	8,000	10,000
A	2,500	3,500	5,000	6,500	8,000
B	2,000	3,000	4,000	5,000	6,500
C	1,500	2,000	3,000	3,500	4,000
D	1,000	1,000	1,500	0	0

ポイントは具体的な数値で示されるため、支給基準が明確で社員にも理解されやすいのが特徴です。システマティックに金額を決定したい会社にはマッチしやすいです。

給与改定手法⑤：洗い替え方式（図表27）

洗い替え方式は、毎年すべての社員の給与を一旦リセットし、評価に基づいて新たに給与を決定する方法です。

この方式では、過去の給与水準に縛られず、毎年の評価を反映させることができます。そのため、社員の最新の貢献度や業績が正確に反映されやすいのがメリットです。給与が上下するドライな運用となるため、導入している会社は少数です。

これらの手法を参考に、自社に適した方法を検討し、社員の納得感を得られる給与改定の仕組みをつくってください。

賞与支給の具体的手法

給与改定に続いて、賞与も多くの会社にとって悩ましい課題です。賞与制度を検討する際には、いくつかのポイントを考慮する必要があります。ここでは、賞与を検討する上でのポイントをお伝えした後、具体的な支給手法についてご紹介します。

【図表26　ポイント方式】

等級	等級範囲給	標準額	ポイント率	150%	120%	100%	80%	0%
			評価結果	S	A	B	C	D
5級	550,000円～	¥ 550,000		83	66	55	44	0
4級	400,000円～500,000円	¥ 450,000		68	54	45	36	0
3級	300,000円～370,000円	¥ 335,000		50	40	34	27	0
2級	250,000円～300,000円	¥ 340,000		51	41	34	27	0
1級	200,000円～250,000円	¥ 225,000		34	27	23	18	0

ポイント単価　100

等級	等級範囲給	標準額	ポイント率	150%	120%	100%	80%	0%
			評価結果	S	A	B	C	D
5級	550,000円～	¥ 550,000		8,250	6,600	5,500	4,400	0
4級	400,000円～500,000円	¥ 450,000		6,750	5,400	4,500	3,600	0
3級	300,000円～370,000円	¥ 335,000		5,025	4,020	3,350	2,680	0

【図表27　洗い替え方式】

等級	評価結果				
	S	A	B	C	D
5級	500,000	450,000	400,000	350,000	300,000
4級	410,000	380,000	350,000	320,000	290,000
3級	340,000	320,000	300,000	280,000	260,000
2級	280,000	270,000	260,000	250,000	240,000
1級	240,000	230,000	220,000	210,000	200,000

【賞与検討のポイント】

①賞与原資の決め方
②生活支給要件と労働対価要件のウエイト配分をどうするのか？
③評価による社員間支給格差をどうするのか？
④基本給などの月例給与を賞与の算定基礎とするか、しないか？

賞与検討ポイント①：賞与原資の決め方

賞与の原資をどのように決定するかが、最初に検討すべきポイントです。

・会社の業績による基準

最も一般的な方法は会社の業績を基準にすることです。例えば、売上高、営業利益、純利益など、会社の経営指標に基づいて賞与原資の総額を設定します。

・目標達成度による基準

売上目標達成率やコスト削減目標達成率など部門ごとや個人ごとに設定し、この達成度合いに応じて賞与原資を設定します。

・競合他社や業界平均による基準
業界の標準や競合他社の賞与水準を調査し、それに基づいて賞与原資を設定します。
・対前年の賞与支給額による基準
前年にどれくらいの支給額だったのか、社員数は何人だったのか、で賞与原資を設定します。結局のところ、中小企業はこれが一番多いです。

賞与検討ポイント②：生活支給要件と労働対価要件のウエイト配分をどうするのか？

賞与には、社員の生活を支える「生活支給要件」と、業績や貢献に対する「労働対価要件」があります。賞与を支給する際には、これらの要素のウエイト配分をどのようにするかを検討することが重要です。生活支給要件を重視すれば社員の安定を図ることができ、労働対価要件を重視すれば社員のモチベーション向上や成果へのインセンティブを強化することができます。

中小企業では、意図せずに生活支給要件の比重が大きくなっているケースが多く見受けられます。そのため、制度導入時には労働対価要件についてもしっかりと向き合い、バランスを考慮して検討することが望ましいでしょう。

賞与検討ポイント③：評価による社員間支給格差をどうするのか？

賞与の支給額を社員間でどの程度差をつけるかがポイントです。例えば、一番よい評価（S）を取った社員と、悪い評価（D）を取った社員との賞与支給額はどの程度の格差を設けるのか？　企業業績・風土、今までの慣行などを踏まえて、メリハリ感をどの程度にするか検討する必要があります。

賞与検討ポイント④：基本給などの月例給与を賞与の算定基礎とするか、しないか？

中小企業においては、多くの会社が月例給与をベースに、例えば「月例給与×2か月分」といった計算方法で賞与を支給しています。それぞれの方法にはメリットとデメリットがありますので、次にまとめます。

・月例給与を賞与の算定基礎と「する」場合
メリット　：社員が自分の賞与額を予測しやすいため、わかりやすく安心感があります。
デメリット：月例給与が固定のため、会社業績や個人の成果が反映されにくくなります。
・月例給与を賞与の算定基礎と「しない」場合
メリット　：会社業績や貢献度に応じて、成果に見合った支給が可能になり、柔軟な対応ができます。

デメリット：社員が自身の賞与額を予測しづらくなり、評価基準が不明瞭だと社員間で
　　　　　　不公平感が生まれる可能性があります。

月例給与を基礎と「する」場合は、安定性とわかりやすさがあり、社員にとって安心感がありますが、業績連動性が薄くなることがあります。

一方、月例給与を基礎と「しない」場合は、会社業績や個人の成果に応じた柔軟な対応が可能で、インセンティブ効果が高まりますが、社員にとっては計算の複雑さや収入の不安定さがデメリットとなる可能性があります。

会社の目指す方向性（安定性重視か成果主義重視か）や社員の納得感を考慮した上で、どちらの方法が適しているかを選ぶとよいでしょう。大まかな考え方は右記の通りですが、設計次第では、どちらを選んでも一定の調整は可能です。

次ページ以降に具体的な手法の例示を記載していますので、それぞれを見比べながら参考にしてください（図表28、図表29）。

月例給与を賞与の算定基礎と「しない」例として、ポイント制があります。これは社員の業績や貢献度をポイントで評価し、それに基づいて賞与額を決定する仕組みです。

ポイントの付与基準が明確であれば、社員にとって評価がわかりやすく、賞与への納得感が得られやすくなります（図表30）。

【図表28　月例給与を賞与の算定基礎と「する」するパターン(1)】

月例給与を賞与の算定基礎と「する」パターン（1）

○支給基準（支給月数など）すべてに評価を反映する方法

賞与支給額＝算定基礎額×平均支給月数×評価係数

算定基礎額30万円、平均支給月数 1.5か月、評価係数（S－1.4、A—1.2、B—1.0、C—0.8、D－0.6）とすると、評価によって賞与支給額は以下の通りとなる。

算定基礎額	平均支給月数	評価係数		支給額
30万円	×1.5か月 ×	S（1.4）	→	63万円
		A（1.2）	→	54万円
		B（1.0）	→	45万円
		C（0.8）	→	36万円
		D（0.6）	→	27万円

S評価とD評価では、
金額で36万円の格差、
倍率では、2.3倍の格差となる。

【図表29　月例給与を賞与の算定基礎と「する」するパターン(2)】

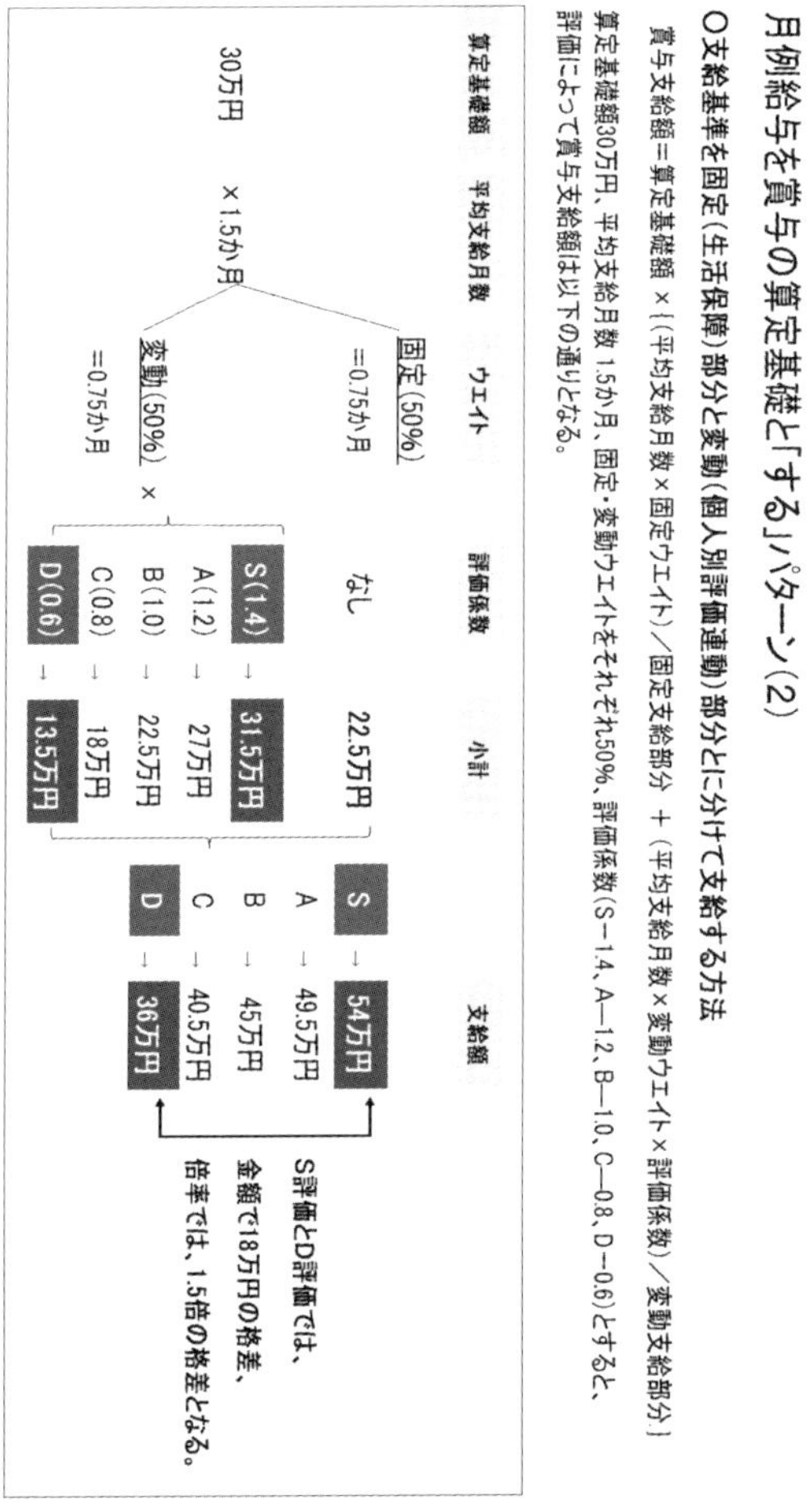
月例給与を賞与の算定基礎と「する」パターン（2）
O支給基準を固定（生活保障）部分と変動（個人別評価連動）部分とに分けて支給する方法
賞与支給額＝算定基礎額 ×｛（平均支給月数×固定ウエイト）／固定支給部分 ＋（平均支給月数×変動ウエイト×評価係数）／変動支給部分｝
算定基礎額30万円、平均支給月数 1.5か月、固定・変動ウエイトをそれぞれ50%、評価係数（S－1.4、A―1.2、B―1.0、C―0.8、D－0.6）とすると、
評価によって賞与支給額は以下の通りとなる。
算定基礎額
平均支給月数
ウエイト
評価係数
小計
支給額
30万円
×1.5か月
固定（50%）
＝0.75か月
なし
22.5万円
変動（50%）
＝0.75か月
×
S(1.4)
A(1.2)
B(1.0)
C(0.8)
D(0.6)
31.5万円
27万円
22.5万円
18万円
13.5万円
S
A
B
C
D
54万円
49.5万円
45万円
40.5万円
36万円
S評価とD評価では、
金額で18万円の格差、
倍率では、1.5倍の格差となる。

【図表30　月例給与を賞与の算定基礎と「しない」パターン（ポイント制）】

月例給与を賞与の算定基礎と「しない」パターン（ポイント制）

【等級ポイント】

	等級数				
評価結果	1	2	3	4	5
SS	135	155	180	210	250
S	115	130	160	185	220
A	100	120	135	155	180
B	85	100	110	130	150
C	70	85	90	100	100
	505	590	675	780	900

3450

賞与原資	5,000,000	☚ 賞与原資を決定する
ポイント合計	1,570	
ポイント単価	3,185	

☞等級　☞評価結果　を入力する

名前	等級	評価結果	等級ポイント	個人ポイント	賞与金額
山田	3	A	135	135	429,936
上村	2	S	130	130	414,013
三田	5	A	180	180	573,248
大山	3	B	110	110	350,318
中西	1	B	85	85	270,701
荒井	5	A	180	180	573,248
辻	2	S	130	130	414,013
渡辺	3	S	160	160	509,554
井上	2	C	85	85	270,701
阿部	4	B	130	130	414,013
中村	3	S	160	160	509,554
名倉	1	B	85	85	270,701
			1570	1,570	5,000,000

ただし、評価基準が不明確であると、社員の不満に繋がる可能性があるため、基準の透明性が重要となります。

中小企業は何でも明確にすればよいわけではない

ここまで報酬に関する考え方や具体的な仕組みについてお話してきましたが、1つ気をつけていただきたい点があります。

それは、報酬決定の仕組み（賃金テーブルなど）をすべて就業規則（賃金規程）に記載することは、必ずしもおすすめできないということです。

社員にとっては、わかりやすく透明性が高いことはよいことですが、会社側からすると、次のようなデメリットが考えられます。

・柔軟性の欠如

賃金テーブルなどを規程に明記すると、変更する際に規程の改定が必要になります。これには労働組合や社員代表との協議、社員への通知期間の確保などが求められるため、迅速な調整が難しくなります。

・コスト増加のリスク

規程に具体的な金額や賃金構造が記載されていると、会社が人件費を抑えたいときに柔軟な対応がしづらくなります。例えば、経済状況の悪化や業績不振時に賃金の削減を行う際にハードルが高くなります。

・競争力の低下（人材確保・維持）

他社との報酬競争力を保つためには、会社は報酬水準を柔軟に調整する必要がありますが、賃金テーブルなどが固定化されることで競争力が低下するリスクがあります。特に急成長している業界や変化の激しい業界では、この柔軟性が重要です。

・法的リスクの増加

報酬に関する規程が具体的であるほど、法的なトラブルや社員からの訴訟のリスクが高まる可能性があります。例えば、規程通りに運用されていない場合や、不公平な運用が疑われた場合、法的に争われるリスクが生じます。

とはいえ、すべてを非開示にすれば、社員の納得感を得ることが難しくなります。そのため、何を示すべきか、何を示さないかを慎重に判断する必要があります。

例えば、規程に明記するのではなく、ガイドラインとして運用する方法や、規程には大枠のみ記載し、詳細は別途管理する方法なども検討してみてください。

これにより、柔軟な運用が可能となり、社員に対しても適切な説明ができるようになるでしょう。

第5章　「自社流」人事制度の導入と運用ポイント

第5章では、人事制度を社員に理解・浸透させるための説明会や面談の重要性、評価者教育のポイント、運用スケジュールの作成方法など導入と運用のポイントについて解説していきます。

1　社員に対する人事制度説明会の実施

なぜ説明会が必要なのか？

人事制度が完成したら、社員にしっかりとお披露目をしましょう。ここで避けるべきアクションの例を挙げます。

・全社員に制度の説明資料をメール送付し、「各自、見ておいてください」と伝える
・朝礼時に総務や人事担当者が口頭で簡単に説明し、資料を配って終わる

これらのアクションで、どれだけの社員が資料を真剣に読んでくれるでしょうか？　人事制度という専門的な内容を、どれだけの社員が理解してくれるでしょうか？　最も大切な会社（社長）の想いが、どれほどの社員に伝わるでしょうか？

このようなやり方では、せっかく時間をかけて自社独自の人事制度をつくり上げたとしても、その後の運用がうまくいかなくなってしまいます。少し大げさに感じられるかもしれませんが、全社員を一堂に集め、時間を確保して、しっかりと説明会を実施してください。社員数が多い場合は、日程や回数を分けて実施することも有効です。

また、今後入社してくる社員のためにも、説明会を録画しておくことも一案でしょう。

説明会で何を伝えるのか？

では、説明会で伝えるべき内容をまとめます。

〔説明会で伝える内容〕

①なぜ人事制度を導入（見直し）するのか？
②当社が人事制度で何を実現したいのか？
③当社のビジョン、経営理念など
④新しい人事制度の全体概要
⑤当社での成長ステップ（等級制度）
⑥私たち社員は何を頑張ればよいのか？（評価制度）
⑦私たちの評価は報酬にどのように反映するのか？（報酬制度）
⑧制度導入スケジュール
⑨質疑応答

これらの情報を資料にまとめましょう。私が意識していることは、ワードなどで文字を並べるだけにせず、パワーポイントなどを使って、ビジュアル的にわかりやすい資料を作成することです。

制度をつくっている側にとっては、内容を熟知していますが、社員は説明会で初めて制度の内容を知ることになります。また、「そもそも人事制度って何なの？」という社員も多いでしょう。ですから、見た目にもわかりやすく、理解しやすい資料を心掛けましょう。

説明会で社員が熱狂することはない

説明会を実施した後、社長や総務、人事責任者がショックを受けていることがよくあります。「どうしましたか？」と私が尋ねると、「社員の反応が薄かった。私の説明が悪かったのだろうか？　制度内容に問題があるのだろうか？」とおっしゃいます。

実際、説明会を実施したからといって、社員が熱狂し、「やるぞー！」と盛り上がることは、残念ながらありません。なぜなら、社員は一度の説明を聞いただけでは、制度の内容を十分に理解できないからです。

制度を実際に使い始め、少しずつ慣れていく中で、その意味を理解し、自身や上司の変化や成長を感じることができるようになります。焦らず、気長に構えましょう。

変化は必ず起こります。

説明会のゴールは絞る

説明会の時間は長くする必要はありません。会社にもよりますが、1～2時間程度で十分です。長時間の説明会を実施しても、人事制度という専門的な内容を社員がすぐに理解するのは難しいですし、実際の運用が始まって初めてわかることが多いからです。

説明会のゴールは、次の３点にシンプルに絞りましょう。

・会社（社長）の本気度を伝える。
・人事制度の概要を理解してもらう。
・制度導入により給与が下がる社員がいる場合は、その点を隠さず正直に伝える。

2　社員に対する個別面談の実施

面談で伝える3つのポイント

説明会終了後、必ず社員に対して個別面談を実施してください。「説明会を行ったので、もう十分ではないか？」という意見が出るかもしれませんが、ここで手を抜かずにしっかりと進めましょう。

面談で伝えるべきポイントは次の３つです。

①社員の等級
②月例給与の内容

③今後の期待

これらの内容について、社員への通知書（図表31）と新しく作成した等級表（等級制度）を示しながら、個別に説明します。

原則として、面談は直属の上司が実施しますが、対応が難しいと会社が判断した場合、人事担当者が同席してサポートすることも一案です。

社員数が少ない場合は、社長が全社員の面談を実施する会社もあります。

月例給与が下がる社員への対応には特に配慮が必要です。人事制度が変わったからといって、すぐに月例給与を下げることはまったく適切ではありません。経過措置（一定期間の調整手当など）を活用し、労務トラブルを回避しましょう。また、弁護士や社会保険労務士への相談も積極的に行ってください。

3　評価者勉強会の実施

勉強会のタイミングと適切な実施時間

運用において評価者の教育は欠かせませんが、多くの会社が評価者教育の重要性を十分に理解していないように感じます。例えば、新入社員研修、マネジメント研修、管理職研

【図表31 社員への通知書の例】

202●年　月　日

殿

株式会社●●●●●
代表取締役 ●● ●●

等級通知ならびに月例給与改定について

202●年●月分からの等級と月例給与改定を次のとおり、通知いたします。

202●年度 等級	等級

支給名目	金額
基本給	
●●手当	
●●手当	
役職手当（　　　）	
通勤手当	
合 計	0

上記について、確認しました。

202●年　月　日

氏名＿＿＿＿＿＿＿＿＿＿

修には熱心に取り組む会社が多い一方で、評価者研修を実施したことがない会社も少なくありません。

では、勉強会はどのタイミングで行えば効果的でしょうか?

実際には、評価を行う直前に実施する会社が多いですが、この方法はおすすめしません。勉強会は、新たな制度がスタートする前に実施するのが理想です。すでに制度がある会社の場合、新たな評価期間が始まるタイミングで行うのが適切です。

評価は、評価対象期間中の部下の具体的な行動や事実に基づいて行うものです。そのため、評価直前に勉強会を実施しても、十分な評価根拠がなければ納得のいく評価を行うことは難しいでしょう。評価者には、その点も理解してもらう必要があります。

勉強会の適切な実施時間については、私は3時間程度が適していると考えています。1日や2日かけて詰め込むよりも、1回あたりの時間を短くし、テーマごとに回数を分けて実施したほうが学習効果は高まるでしょう。

勉強会の内容はこのテーマに絞る

勉強会の内容については、細かな項目を挙げるときりがありませんが、次のような大きなテーマに絞るとよいでしょう。

・自社の制度理解
・評価の進め方、やり方
・面談の進め方

一般的な評価者研修では、ハロー効果や中心化傾向などの評価で陥りがちな思い込みや偏りに時間を費やすことがありますが、これだけでは効果が薄いと感じます。

まず重要なのは、評価者が自社の制度をしっかりと理解することです。例えば、野球のルールを知らないまま、バットを振ったり、ボールを投げる練習をしても野球は上達しないのと同じです。

やってしかるべきなのですが、多くの会社が自社の制度について、社員に継続的な教育を行っていません。

次に、会社の評価項目や評価基準を理解し、部下の行動を記録するなど、評価者としての基本的なルールを把握することが大切です。このように、評価の進め方やり方をしっかり押さえておきましょう。このように進めることで、評価者が制度を正しく理解し、評価プロセスがより効果的に運用されるようになります。

面談は人材育成に直結！

面談について考えてみましょう。評価者の方々は、どの程度の割合で面談に関するレクチャーやトレーニングを受けたことがあるでしょうか？　私の経験では、そのような体系的な教育を受けた評価者は非常に少ないのが現状です。

このような状況では、評価者は自身が過去に上司から受けた面談を参考にするか、見よう見まねで行う、または自己流で面談を進めることが多くなります。トレーニングなしに効果的な面談を行うことは難しく、結果として面談の質がばらつく原因となります。

それでは面談を通じて効果的な人材育成を図ることはできません。

面談は人材育成に直結しています。例えば、評価者が被評価者に対して具体的かつ明確なフィードバックを行うことで、被評価者は自分の強みと改善点を正確に理解できます。また、面談は評価者からの一方的なフィードバックの場ではありません。被評価者の意見や感想を積極的に引き出すことで相互理解を深め、被評価者の働く意欲や仕事への責任感を高めることができます。

以上のように、面談には学ぶべき内容が多く存在し、その質を高めることで人材育成に大きな効果をもたらします。評価者の方々には、ぜひ面談の重要性を再認識し、そのスキル向上に努めていただきたいです。

4　人事制度運用スケジュール表の作成

スケジュールは全体像と合わせて具体的日程を入れる

運用スケジュールを明確にしておかないと、運用の混乱や遅れが発生する可能性が高まります。特に、人事制度の運用に慣れていない段階ではこのリスクが大きいです。スケジュールを明確にすることで、人事制度の各プロセス（目標設定、評価期間、フィードバックなど）が計画的に進行し、運用がスムーズになります。

また、スケジュールを共有することで社員も自分がいつ何をすべきかを理解しやすくなり、制度の運用に対する納得感が高まります。

特に、評価期間やフィードバックのタイミングが事前にわかっていると、準備がしやすくなり、安心して取り組むことができます。

さらに、スケジュールは月単位ではなく、日単位で設定することで、より具体的で明確になります。サンプルを参考にして、ぜひスケジュールを作成してみてください（図表32）。

このようにスケジュールを作成・共有することで、運用の混乱を防ぎ、社員の理解と納得を得られる制度運用が期待できます。

【図表32　人事制度年間スケジュール（３月末決算事例）】

人事制度 年間スケジュール（3月末決算事例）

	上期						下期					
	4月	5月	6月	7月	8月	9月	10月	11月	12月	1月	2月	3月
面談	上半期 チャレンジ目標 設定 期初期末面談	フィードバック 面談	中間面談 （進捗の確認、評価事実の収集）				下半期 チャレンジ目標 設定 期初期末面談	フィードバック 面談	中間面談 （進捗の確認、評価事実の収集）			
評価期間	自己評価	二次評価					自己評価	二次評価				
	一次評価	最終評価					一次評価	最終評価				
賞与	賞与対象期間（12月／冬季）						賞与対象期間（6月／夏季）					
		賞与検討・決定	賞与支給					賞与検討・決定	賞与支給			
昇降給（格）	年間評価期間											
			評価結果開示	昇降「給」			昇降「格」					

評価対象期間		本人 ⇒ 1次評価者 （自己評価期間）	1次評価者 ⇒ 2次評価者 （1次評価者 評価期間）	2次評価者・最終評価者 評価期間	フィードバック 面談期間	賞与検討・決定	賞与支給
上期	4/1 ～ 9/30	10/1 ～ 10/8	10/9 ～ 10/22	10/9 ～ 10/22	10/23 ～ 11/15	11/16~11/30	12月予定
下期	10/1 ～ 3/31	4/1 ～ 4/8	4/9～ 4/22	4/9 ～ 4/22	4/23～ 5/15	5/16~5/31	6月予定

5　社長の覚悟と運用を継続できる体制づくり

人事制度完成後の成功ポイント

本書の最後の項目は、人事制度が完成した後に焦点を当てます。制度を導入するだけではなく、それを実際に運用し、組織に根づかせていくためには、トップである社長の強い覚悟と、継続的な運用を可能にする体制づくりが不可欠です。

これらの要素が揃って初めて、人事制度は真の効果を発揮し、組織全体の成長に寄与します。ここでは、そのための具体的なポイントと取り組みについて説明します。

社長の覚悟

まず、社長自身が人事制度の意図や目標を深く理解し、その価値を心から信じることが重要です。社長が制度に対して強い意志と信念を持っていれば、その姿勢は自然と社員にも伝わります。社長の覚悟が強くあればあるほど、社員たちは制度の重要性を認識し、自分たちの行動を会社のビジョンと照らし合わせるようになります。

また、社長が積極的に制度について発信することで、組織全体の方向性が一貫し、社員のモチベーション向上にも繋がります。

さらに、人事制度が会社のビジョンや戦略とどのように結びついているかを、社長自らが具体的な事例やエピソードを交えて社員に繰り返し伝えることが重要です。例えば、新しい市場への進出を目指す戦略がある場合、それを実現するために必要な人材育成や評価基準が人事制度にどのように反映されているのかを明確に説明します。それにより、社員1人ひとりが自分の役割と目標を理解し、組織全体の目標達成に向けて、モチベーションを持って取り組むことができます。

また、社長自身が制度の運用や評価プロセスに積極的に関わることは、組織全体への強いメッセージとなります。例えば、役員や幹部社員との定期的な評価面談を行い、フィードバックを直接実施することで、社長が制度を真剣に受け止めていることを示します。

このような社長の行動は、他の役職者や社員にも制度の重要性を認識させ、全員が一丸となって制度を活用する文化を育てることができるようになります。

運用を継続できる体制づくり

人事制度の運用には、責任者や担当者を明確にし、育成することが不可欠です。例えば、総務や人事部門のリーダーに制度運用の中心となる役割を担わせます。

さらに、現場のマネージャーや評価者も制度の鍵を握る重要な存在です。彼らに対しては、制度の目的や具体的な運用方法、評価基準などをしっかりと教育し、理解を深めてもらいます。具体的には、半期ごとの研修やワークショップを開催し、実践的な評価方法やフィードバックの伝え方などをトレーニングします。

また、定期的な勉強会を通じて、マネージャーや評価者のスキルアップを支援します。例えば、外部講師を招いてコーチングなどコミュニケーションスキルを学ぶ機会をつくることで、評価スキルを向上させます。これにより、組織全体で一貫性のある評価とフィードバックが可能となり、制度の信頼性と効果が高まっていきます。

その他、人事制度の運用を円滑に行うために、適切なシステムやデジタルツールの導入の検討も欠かせません。例えば、クラウドベースの人事管理システムを導入することで、評価データの一元管理や面談履歴も踏まえたフィードバックが可能になります。これにより、エクセルや紙ベースでの運用の限界を克服でき、データ管理やセキュリティ面も安心感が増します。一定の投資は必要ですが、長期的には運用効率が向上するでしょう。

最後に、評価者への教育だけでなく、被評価者に対しても自己評価の方法や自身の目標設定などを教育することで、組織全体の評価の質を上げることができます。例えば、自己評価の考え方についてです。近年、自己評価が高い社員が多くなってきていると企業からよく相談されます。被評価者に対しても、自社の評価基準（例えば、Aが期待通りであるなど）をしっかり教育する必要があります。そうしなければ、結果として、評価ギャップ（よくあるのは被評価者の自己評価が高く、評価者の評価が低いケース）の数の多さから、一次評価者がフィードバックする際に苦労することになります。

また、目標達成のための具体的なアクションプランの作成方法を研修で教えることで、社員が自ら目標を立てやすくなります。例えば、目標設定時におけるSMARTの原則（※）などを使って、目標を明確にします。※Specific（具体的）、Measurable（測定可能）、Achievable（達成可能）、Result-based（成果重視）、Time-bound（期限つき）

人事制度はつくって終わりではない、進化していくもの

最後に強調したいのは、人事制度は一度つくって終わりではなく、会社と社員がともに成長していく中で進化していくものです。制度を通じて生まれた成功事例（例えば高い成果を上げた社員や、優れたリーダーシップを発揮した事例、チームワークで困難を乗り越えたエピソードなど）を、全社に積極的に共有しましょう。

このように、制度を磨き上げ、より自社流の制度に成長させていくことで、組織全体が目指す成果や会社のビジョン・目標に一歩一歩近づいていくことができるでしょう。

第6章 「自社流」人事制度の導入・見直し事例

第6章では、自社流人事制度の導入や見直しの事例をご紹介します。

1　人事制度導入事例／老舗製造会社H（神戸市　従業員数50名）

最初に紹介するのは、「やってもやらなくても同じ」と感じている社員が多くいた会社が、数年で過去最高の売上・利益を達成できた事例です。

H社（神戸市・従業員数50名）は創業から80年以上の歴史を持つ老舗で、自社製造した製品を大手量販店などで販売しています。近年、社長交代があり、現在は35歳の3代目が経営を担っています。

同社は安定した経営基盤があり、業績も堅調でした。しかし、コロナ禍の影響で売上が急減し、組織改革が急務となり、新たに人事制度を導入することを決めました。

H社の人事制度の現状

・これまで人事制度といったものはなく、年1回の社長面談の実施のみであった
・評価や報酬に対する社員からの不満に対し、手を打つことができていなかった
・入社3年未満の社員の離職が続いていた

・マネジメントできる人材が育っていない
・会社の５年先など中期的な方向性を示せていない
・総じて真面目だが、積極性に欠ける社員が多い
・営業部員は数字への執着が弱く、売上数字を横ばいに維持するのが精一杯だった

Ｈ社の社員の声

次にＨ社の社員インタビューでは次のような声が多く挙がってきました。

・差がない
・やってもやらなくても同じ
・何を評価されているのかわからない
・どうすれば役職に就けるのか？（なぜ○○さんが部長なんだ？）
・給与が仕事量と見合っていない
・賞与が同業他社と比較して低い

Ｈ社の新人事制度が目指した方向性

経営側からすると耳の痛い声が多かったですが、真摯に受け止め人事制度をつくってい

くことにしました。目指した方向性は次の5つです。

①社員にとってわかりやすい制度をつくり、社員に明示する

②「やってもやらなくても同じ」からの脱却

③会社が社員に何を期待し、何ができれば評価するのかを明確にする

④役職者に何を求めているかを明確にする

⑤賞与を社員にとって魅力的なものとする

現在の社長は代替わりして間もないため、先代に比べ求心力が弱く、制度に対する社員の納得感を高めたいという考えから、制度づくりを社員を巻き込んだプロジェクト型で進めることとしました。

プロジェクトメンバーは、現在の50代の管理職ではなく、30代の次世代幹部候補の社員を中心に構成し、進めていきました。

H社の経営理念の確認

業歴が長いため、先代からの経営理念は存在していたものの、内容が抽象的であり、社員にとって具体的にどのように行動すればよいのかがわかりづらいものでした。

そこで、会社のありたい姿を示すビジョンと、会社が大切にしている考え方であるバ

リューを新たに策定することにしました。

経営側が一方的に決める方法もありましたが、H社ではプロジェクトメンバーとともに、共同でつくり上げる方法を選びました。

近年、このような社員参加型のスタイルが増えているように感じます。その背景には、経営側のトップダウン的なビジョンではなく、ボトムアップ型で社員も共感できるビジョンを掲げて進んでいきたいという会社が増えてきているのだと考えています。

H社の等級制度づくり

同社の現状として、入社3年未満の社員の離職が続いている原因は等級制度にあると考え、できる限りわかりやすい制度を導入しようという共通認識を最初にメンバーで確認しました。

等級制度の軸は、H社の生命線である「製品をつくる人」とその「技術」であるため、「能力」を基準とすることに決定しました。

ただし、年功序列にならないよう、昇降格の基準を明確にし、曖昧な昇格運用を避けることを方針としました。

等級は7段階とし、各等級の定義は一行で表現し、新入社員でも理解できるシンプルな内容としました。

H社の評価制度づくり

社員から「何を評価されているのかわからない」と酷評された評価ですが、これまで社長面談のみで評価してきたため、ある意味で当然かもしれません。

プロジェクト内で何を評価するか議論した結果、評価要素を業績（成果）と、会社が大切にしている行動（バリュー）に定めることにしました。

製造部、営業部、技術部、総務部といった職種ごとに評価項目を設定し、各職種にマッチした評価を行えるようにしました。近年、H社と同じく職種ごとに評価項目を設定する会社が増えているように感じます。多くの会社がより具体的な行動や成果を意識しているのでしょう。

特に営業部では、売上ばかりを重視し、利益に対する意識が低いことが問題とされていたため、評価項目に売上だけでなく利益も加えることにしました。

また、評価の仕組みとして目標管理制度の導入を検討しましたが、現状は難易度が高いと判断し、まずは上位等級者のみに目標管理制度を導入し、自ら目標を設定し、管理していくことにトライすることにしました。

H社の報酬制度づくり

社員インタビューを通じて、給与や賞与に対する不満が多く寄せられていることがわかりました。H社ではこれまで、社員間での報酬差をあまり大きくしないことを重視してきたようです。

これは会社の方針としてよし悪しはありませんが、特に優秀な人材からの不満が増してきていました。コロナ禍の影響で報酬の原資が限られているため、従来よりもメリハリをつけることにしました。

具体的には、定期昇給を年間評価と連動させ、一定のメリハリを設けました。また、賞与にはポイント制を導入し、会社業績、個人評価、個人等級と連動させることで、貢献度の高い社員に対して適切な報酬を支払う仕組みとしました。

報酬制度の「見える化」により、社員の報酬に対する納得感を高めることを目指しました。

H社の制度導入後の運用と現在

社員の評価・報酬に対する納得感が高まり、直近の決算では、コロナ禍による売上減少から脱却し、過去最高の売上と利益を記録しました。

このように目に見える変化はけっして珍しいことではありません。現在は、組織の管理職も若返りが進み、これまで手が回らなかった社員教育にも時間と資金を投入できるようになってきています。

新規採用は現在の情勢もあり苦戦していますが、その中でも採用できた人材の質は高まっているように感じます。

採用面接時には、自社の等級表を求職者に説明することが徹底できています。

また、年2回の評価者向け勉強会の実施、適正な昇格審査、評価項目の見直しなども継続的に行われています。

さらに、これまでのエクセル表によるアナログ運用から、システム導入への移行も完了しました。

2　人事制度導入事例／エステサロン会社D（大阪市　従業員数40名）

次に紹介するのは、「長く頑張っても報われない」と感じている社員が多くいた会社が、安心して働く会社に変化した事例です。

エステサロン会社D（大阪市・従業員数40名）は創業から20年を超え、業界で一定の知名度を持つエステサロン会社です。大阪だけでなく、関東にも複数の店舗を展開しています。現社長は創業者であり、会社の広告塔としても存在感があり、オーナー色の強い会社といえます。

今後、店舗数や社員数の増加が見込まれる中で、組織体制が整っていないことが課題となっているため、人事制度の導入を決定しました。

Ｄ社の現状

・これまでは売上数字評価のみでやってきた
・売上数字評価によって月次のインセンティブを支給している
・社員のモチベーションを上げるために役職がたくさんある
・定期昇給はなく、入社時の給与設定がすべてである
・賞与の支給はない
・売上数字を上げられない社員はすぐに辞めていく

エステ業界は製造業といった他業種と比べ、数字結果が短期で出ることから、成果主義的な考え方の制度設計が多いです。

ただ、人手不足という現状もあり、これまでと同じやり方で進めていけるのかという問題点もあります。

D社の社員の声

次にD社の社員インタビューでは次のような声が多く挙がってきました。

・売上数字以外も評価して欲しい
・長く頑張っても報われない
・基本給が上がらない
・会社のルールが不明瞭

D社の新人事制度で目指した方向性

右記も踏まえ、会社として方向性として次の3つを挙げました。

①組織として機能させるために明確な基準をつくる
②売上数字だけではない評価を導入する
③評価を基本給とリンクさせる

制度づくりはスピード重視で経営陣中心で進めることも検討しましたが、社長自身が現場から離れているため見えにくくなっている点も多いことや、社員の制度への納得感を高めたいことから、店長などのマネジメントクラスを含めたプロジェクト型で人事制度を検討していく方針としました。

D社の経営理念の確認

既にでき上がったものがあり、朝礼で唱和など行っている状況で社内でも浸透しているようだったので、現状維持で進めました。

D社の等級制度づくり

D社のキャリアパスは、アシスタントからエステティシャンへと成長し、さらに店長やエリア店長などのマネジメント層へ進む、比較的シンプルな構造です。等級の軸は果たすべき「役割」に基づくこととし、等級を６段階に設定しました。

また、等級定義には、求められる役割だけでなく、社会人としての基本的な姿勢や仕事への取り組みも一部加え、上司が部下を指導しやすい内容としました。

さらに、昇格に際しては、一定の目安として売上目標も設定し、基準として追記しました。

D社の評価制度づくり

これまでの数字（成果）だけではなく、数字に繋がるプロセス、仕事の基本的姿勢といった項目も評価項目に追加することにしました。これにより、数字を上げることが不得手な社員も優秀社員の仕事のプロセスを学ぶことで成果を上げやすくすることを意識しました。

また、数字さえ上げていれば雑務などする必要がないといった社員もいたので、仕事をする上での基本的姿勢を入れることで、当たり前のことを当たり前にできる組織を実現したいと考えました。

D社の報酬制度づくり

月次インセンティブは従来通り継続しつつ、社員から不満が多かった基本給については、年間評価と連動させ、定期昇給が可能となる制度設計を行いました。

また、インセンティブの内容には、従来よりも社員のモチベーションがさらに高まる仕組みを追加しました。

D社の制度導入後の運用と現在

売上数字以外も評価対象とする制度になったことで、社員に安心感が生まれ、離職率もこれまでよりも下がりました。

また、これまで組織的な仕組みがなかったために、人事も場当たり的な対応が多く、社員からの疑問や質問に答えられないことが多かった経営側でしたが、現在は、自信を持って自社の進むべき道、社員に求めていることを示し、事業に邁進しています。

3　人事制度見直し事例／老舗専門商社B（京都市　従業員数300名）

「評価に期待していない」と感じている社員が多くいた会社が、自律的に評価に向き合うようになった事例を紹介します。

B社（京都市内・従業員数300名）は創業100年を超える老舗の専門商社であり、業界内で確固たる地位を築き、多くの取引先を有する安定した企業です。しかし、業界全体が縮小傾向にあるため、新たな事業の柱を模索するなど、積極的な取り組みが求められています。

このような状況を踏まえ、旧態依然とした人事制度の見直しに着手しました。

B社の現状

- 現在の人事制度は20年前に導入されたもので現在の会社とマッチしていない
- 経営幹部が一枚岩ではない
- 今後の会社の目指すべき像が弱い

・素直だが、受け身の社員が多い
・管理職のマネジメント力が弱い

B社の社員の声

次にB社の社員インタビューでは次のような声が多く挙がってきました。

・上司からのフィードバックがない
・評価者によって評価のムラがある
・評価者と被評価者が目標について向き合うことがない
・評価のやり方について勉強したことがない
・評価項目の内容が仕事と合わない
・どうすれば昇格・昇進できるのかわからない
・毎年同じで、評価に期待していない

会社には人事制度があるものの、運用面に大きな問題があることがわかりました。

特に「評価」に対する社員の不満が集中しており、状況は好ましくありません。

さらに掘り下げると、上司への不満が大きいことも明らかです。これは、管理職のマネジメント力の弱さとも密接に関係していると考えました。

B社の人事制度見直しの方向性

右記も踏まえ、制度見直しの方向性として次の3つを挙げました。

①現状の会社に合った制度をつくる
②評価の仕組みを抜本的に見直す
③評価者の教育を徹底する

今回は、次世代幹部クラスを中心にメンバーを集め、人事制度見直しに取り組みました。

B社の経営理念の確認

経営理念は以前に作成されたものがあったものの、ビジョンやミッションといった言葉の区分が不明確で、社内にも浸透していませんでした。

人事制度の見直しを機に、これらの言葉を整理し、わかりやすい内容に変更しました。

経営理念やミッション・ビジョンを作成する際に最も重要なのは、経営者自身がその言葉を見てワクワクし、心が動くものであることです。ホームページを作成する際に何となくつくったような経営理念やビジョン、形だけの美辞麗句を並べた経営理念やビジョンでは、社員の共感を得ることは難しいでしょう。

B社の等級制度づくり（図表33）

B社の等級制度は役割を軸とした設計で、等級と役職が一体となったものでした。しかし、実際には役職を外すと、等級が下がり、給与も大幅に下がるため、本来の運用が難しい状態でした。

役割等級は職務等級（ジョブ型）に近い考え方ですが、B社のようにこの方式が合わない場合もあります。

最終的に、等級制度の軸は「能力」に基づくこととし、役職手当の金額を高めに設定することで役割の重要性を補完することにしました。

また、等級の数は従来の制度に合わせ、移行をスムーズに進められるよう配慮しました。

B社の評価制度づくり（図表34）

B社にとって最大の問題であった評価制度についての見直しです。

従来の制度は相対評価を理想とし、評価点を並べて序列化し、上位10%をS評価、20%をA評価などとする仕組みでした。結果として、社員個人の貢献度や成長に関わらず、全体の点数分布により個人の評価が決定されるため、フィードバックが難しくなり、フィードバックを実施しない評価者も現れていました。

すでに本書で触れたとおり、査定のみを目的とするなら相対評価でもよいですが、育成を重視する場合には絶対評価が適しています。

また、評価者の評価方法も総合得点に偏り、各項目が帳尻合わせのように進められている状況が見受けられました。

このような評価であれば、実質的には点数を感覚で決めているに等しいものです。多くの企業（評価者）がこのような評価を行っているのも実態です。

今回は、評価者が評価表の総合点数を意識しないようにし、各項目ごとの評価に集中できる仕様に変更しました。

さらに、評価項目を現行の会社の成果にリンクする内容にすべて改めました。特に「チャレンジ」を意識し、会社が求める新たな事業の柱を構築するために、社員の積極的な取り組みをどう支援するかについてメンバーと議論し、制度に反映させせました。

B社の報酬制度づくり

定期昇給や賞与支給の仕組みは従来から整備されており、大きな変更は必要ありませんでしたが、月給に含まれる手当について見直しを行いました。

ほとんど欠勤者がいないにもかかわらず支給されている皆勤手当や、全員に支給されて

【図表33　B社等級表のビフォーアフター】

Before

等級	対応職位	等級定義
7等級	執行役員	
6等級	部長	経営管理職として、職務を高いレベルで遂行することが出来、その能力を発揮して、会社の戦略的な方向付けに合致した組織統制と、戦略的な業務の執行責任を負う。 組織構成員全体に対して、会社の方向性に連動した包括的な指示と個々に対する的確なミッションを与え、部員の人員を会社の運営方針にそった業務成果を上げるよう導く。構成員の能力活用と業績向上に向けて、包括的な指示およびその進捗や結果に対して適切な評価を行う。
5等級	次長	上級管理職として、会社の職務執行を代表するものとして、社内外において確実な信頼を得、安定した組織運営を行う。 常に部下の職務遂行状況や能力開発に関心を持ち、的確な業務目標や課題・専門知識や最新の情報を与え、部下の能力開発と業務水準レベルアップをサポートするとともに、正しい評価を行ない、部下の信頼を得る。
4等級	課長	管理職として、担当部署のマネジメント業務を信頼感・安定感を持って行うことが出来、社内における業務執行の中核となり組織運営を行う。 部下に対して会社の方針や部署の目標と合致した適切でスピーディな指示を下し、その趣旨・内容を十分に理解させ職務を遂行させるとともに、部下の能力開発や目標達成に向けて、適切なアドバイスやサポートを行う。
3等級	主任	担当する業務に関する専門知識や技能を有し、それを業務に確実に反映させることが出来るとともに、各部署の業務運営責任者、もしくは各部署の実行担当者として数値目標を持ち、チームの運営管理する。 部下や後進(社員・パートタイマー)に対して、チームの職務遂行のために、的確に指導する。
2等級	上級一般職	業務に関する一般的な知識や技能を持ち、営業・接客・販売・管理事務等の職務を大枠の上司からの指示や部署方針に基づき、自らの判断や企画・調整を加えて実行している。
1等級	一般職	部署における補助的・定型的業務を受け持ち、業務遂行する上での一般的な知識技能をもとに、上司からの指示に基づき安定的かつ確実に業務を行っている。

After

階層	レベル	等級	等級名	定義	役職
管理	統括レベル	7級	EM（エグゼクティブマネージャー）	部門を横断し、組織・事業全体を統括し、経営目標達成に向けて主導することができる	執行役員、部長
管理	立案レベル	6級	M－2（シニアマネージャー）	経営目標達成に繋がる戦略を立案し、主導することができる	部長、次長
管理	推進レベル	5級	M－1（マネージャー）	経営戦略を具現化し、先頭に立って推し進めることができる	部長、次長、課長
監督	模範レベル	4級	L－1（リーダー）	周囲の模範となる行動を自ら率先してできる	課長、主任
一般	自律レベル	3級	S－3（スタッフ3級）	担当業務を判断・改善を加えて自律的に遂行できる	主任
一般	基本レベル	2級	S－2（スタッフ2級）	担当する基本的な業務を、自分一人で主体的に遂行できる	
一般	新人レベル	1級	S－1（スタッフ1級）	基本的な業務を指示、指導を受けながら遂行できる	

【図表34　B社評価表のビフォーアフター】

Before　※営業部

		評価項目	評価ポイント
業務評価	1	部署方針の理解と実行	・自部署の方針や政策を理解し、上司の指示に従って行動したか
			・自部署における自分の役割を、確実に果たしたか
			・自部署の政策や目標達成に向けて、協力的・積極的に行動したか
	2	業務の改善・効率アップ	・日常の業務の効率を上げる為に、常に工夫をしているか
			・業務の効率アップに向けて、積極的な改善提案をしたか
			・業務処理量の向上や質の向上に向けて、技術や技能の向上は出来たか
	3	日常業務の精度	・自分の仕事の守備範囲を確実にこなしたか
			・自分の仕事の上で、ミスやモレは無かったか
			・自分の仕事の出来映えは十分満足できるレベルか
	4	就業ルール・コミュニケーション	・出退勤や、休憩、業務上のルールを遵守していたか
			・遅刻、早退、不要な離席、および欠勤等はなかったか
			・上司に対する報告・連絡・相談は、頻繁に行っているか
			・他部署との伝達や部署内でのコミュニケーションを適切に行っているか
	5	顧客満足度の向上	・顧客に対する営業活動は、ムラなく効率的に行っていたか
			・常に顧客のニーズを対応して、積極的なサービス提供を行っていたか
			・クレーム等の対処は、迅速かつ適切に行っていたか
			・顧客への情報提供や顧客管理を確実に行っていたか

After　※営業部　※省略版

チャレンジ目標	① ② ③

チャレンジ項目（着眼点）			
行動指針評価	1	○○○	熱い気持ちを持って、全力で仕事に向き合っていたか（自らで考え、その意思を持って行動に移せていたか）
	2		自分の仕事に責任を持ち、いつも自分が解決するという姿勢で率先して行動していたか
	3		共通の目標を達成するために、互いに切磋琢磨し、高め合っていたか（周りの仲間と協力し合っていたか）
	4	○○○	社内外問わず、言われた以上の事をしていたか（本質を理解できるまで質問した上で行動していたか）
	5		現状に満足せず、自分自身の成長や目標達成のために自発的に行動していたか
	6		会議、ミーティングには積極的な姿勢（相手の目を見る、発言する、準備する、など）で臨んでいたか
	7	まずやってみる	失敗や変化を恐れず、新しいこと（企画提案、立ち上げ、改善、など）に積極的に挑戦していたか
	8		結論を先延ばしにせず、「何を」「いつまでに」を明確にし、行動していたか

仕事評価	1	目標達成（個人	数字目標は達成出来ていたか　（売上額：　　千円）
	2	目標達成（個人	数字目標は達成出来ていたか　（粗利率：　　%）
	3	目標達成（個人	数字目標は達成出来ていたか　（粗利額：　　千円）
	4	目標達成（個人	数字目標は達成出来ていたか　（返品：値引き　%）
	5	営業計画	数字目標達成に向けての具体的な営業活動計画（いつ・どこで・どうやって・どれだけ）を実行していたか
	6	部内業務	部署内での業務を円滑に進められる様な仕事（資料作成や登録作業等）を自ら引き受けていたか
	7	情報共有・報連相	上司・先輩・同僚・他部門への情報共有（得意先情報、日・月報、入出荷情報・指示等）は行っていたか
	8	顧客志向	お客様との関係構築を何よりも大切に行動していたか
	9	コスト意識	営業におけるコスト（時間・費用等）を認識し、成果に繋がる効果的な営業活動を行っていたか
	10	提案営業	お客様にとって最適な提案営業を行えていたか

いる住宅手当、目的が不明確になっていた調整手当、労務リスクを伴う残業代の代わりとなっていた営業手当などは廃止しました。

手当の見直しは単独で行うと難しい面がありますが、人事制度の見直しのタイミングでは進めやすいことが多いです。

さらに、評価のメリハリを強調するため、貢献度の高い社員には評価掛け率を引き上げ、報酬により反映されるよう改善しました。

B社の制度導入後の運用と現在

制度導入後、ＰＪメンバーであった次世代幹部が「どうすればS評価を取れるのか？」と自主的に管理職を巻き込んで、打ち合わせを始め、制度にはない基準をさらに模索を始めました。これは制度づくりを社員参加のプロジェクト型で実施した一番大きなメリットでした。

私を含め経営側は社員を誤解していたのかもしれません。社員に自律性がないわけではなく、そういった機会を与えることができていないことが要因であるのではないかということです。

現在も教育は重要ということで、年に1回、定期的に勉強会を実施しています。

勉強会では他の評価者との意見交換も取り入れ、自らの評価を振り返る場としても役立っているようです。

まだ道半ばですが、こうした教育と評価の実践を通じ、管理職の意識は少しずつ変化し、チャレンジしても良いんだという風土が生まれつつあります。

その他の運用として、管理職のマネジメント力が課題であったため、マネジメント研修も併せて実施しました。

さらに、フィードバック面談を実施しない評価者が出ないように、年1回無記名の評価アンケートを行い、その結果を公開するなど、厳格な運用体制を構築し、継続しています。

【参考文献】

「こんな人事はアカン!」 山本信夫 (同友館)
「成果主義人事制度をつくる」 松本順市 (鳥影社)
「中小企業の人事評価・賃金制度つくり方・見直し方」 大津章敬 (日本実業出版社)
「賃金表の作り方」 楠田丘 (経営書院)

おわりに

最後まで本書をお読みいただき、誠にありがとうございます。

私は現在、人事の専門家として、仕事をしていますが、この職業に興味を持つようになったのは、学生時代に塾講師や家庭教師のアルバイトで手痛い経験をしたことがきっかけです。塾講師として働いていたとき、なぜか塾長に目をかけていただき、学生講師の採用面接を任されました。しかし、面接の経験がなかった私にとって、それは大きな試練でした。

ある日、面接に来た学生にいくつか質問をしたところ、反応が薄かったため、「ありがとうございました。面接は以上です」と告げ、わずか5分ほどで面接を終了させました。するとその学生は激怒し、椅子を蹴り飛ばして去っていったのです。当時の私は、彼の行動をまったく理解できませんでしたが、後になって彼の立場に立って考えてみると、「十分な質問もされず、短時間で帰されてしまった」と感じ、怒りを覚えたのだと気づきました。まあ、なんとも未熟な自分だったと思いますが、面接のあり方や、人を理解することの難しさを痛感しました。

家庭教師の仕事では、生徒1人ひとりの理解度や性格に合わせ、教え方や進め方を調整する必要がありました。特に勉強が苦手な生徒は、勉強の途中でやる気を失うことも多く、どうすればやる気を引き出し、学習を進めていけるのか悩むこともありました。私自身も勉強が好きではなかったため、手探りながらも生徒の気持ちに寄り添い、少しずつ学習のコツを教えていくことで、大きな変化を遂げる生徒の姿には本当に感動を覚えたものです。

人事の仕事は「人」を扱います。そのため、理論だけではなく、感情にもしっかりと向き合う必要があります。答えがないため、非常に難しく、奥が深い仕事ですが、だからこそ私にとってやりがいのある仕事だと感じています。

本書は、人事制度の基準づくりをテーマに、理論的なアプローチを中心に取り上げましたが、その背後には「人の感情」にも配慮した内容を盛り込みました。そういった視点で読んでいただければ、さらに深くご理解いただけるかもしれません。

今回の出版にあたり、なかなか執筆に取りかかれなかった私を後押ししてくださったエスコンサルティングの山本信夫先生、校正くださった山本みどりさん、そして出版の機会を与えてくださったセルバ出版の森社長に、心より感謝申し上げます。また、私の出版を喜んでくださったクライアントの皆さま、そして家族に深く感謝します。

本書が、読者の皆さまにとって、一歩前進するためのきっかけとなれば、これ以上の喜びはありません。

片岡　祐樹

著者プロフィール

片岡　祐樹（かたおか・ゆうき）

True Vision 株式会社　代表取締役　人事コンサルタント　社会保険労務士
鹿児島県枕崎市に生まれ、幼少期を奈良県で過ごす。大学卒業後、大阪市の老舗中小商社の管理部門で、人事・労務・財務、マネジメントなど多岐にわたる業務に従事。その後、退職し独立開業。現在は、人事制度構築コンサルティング、中堅・中小企業の労務顧問を務める。また、金融機関（三菱、りそな）のセミナー会社や、大阪産業創造館（なにわあきんど塾など）、大阪府工業協会、日本能率協会など、数多くのセミナーで講師として登壇している。

True Vision 株式会社は、企業のビジョン実現を目指し、世界に一つだけのオリジナル人事制度を構築する企業として、これまでに 100 社を超える企業の人事制度支援を行っている。著者のコンサルティングスタイルは、企業に徹底的に寄り添い、実績を出すことを重視しており、特に中小企業の経営者から高い信頼を得ている。

【ホームページ】True Vision 株式会社　https://truev.jp/

中小企業のための人事制度のつくり方と運用方法
“自社流”で変革する 実践ガイドブック

2024年 12 月 6 日　初版発行　　2025年 1 月23日　第 2 刷発行

著　者　片岡　祐樹　© Yuki Kataoka

発行人　森　　忠順

発行所　株式会社 セルバ出版
〒 113-0034
東京都文京区湯島 1 丁目 12 番 6 号 高関ビル 5 B
☎ 03（5812）1178　FAX 03（5812）1188
https://seluba.co.jp/

発　売　株式会社 三省堂書店／創英社
〒 101-0051
東京都千代田区神田神保町 1 丁目 1 番地
☎ 03（3291）2295　FAX 03（3292）7687

印刷・製本　株式会社 丸井工文社

Printed in JAPAN
ISBN978-4-86367-933-7